LE POULPE

UN POISON NOMMÉ RWANDA

ISBN : 2-84219-124-2
ISSN : 1265-986X

LE POULPE

catherine fradier

UN POISON NOMMÉ RWANDA

LE POULPE
ÉDITIONS BALEINE

Utopistes que nous sommes
Comme on doit nous trouver fous !
Vouloir le bonheur des hommes,
Mais de quoi nous mêlons-nous ?
Mieux vaut chanter à la ronde
Et boire à plein gobelet :
Ne dérangeons pas le monde,
Laissons chacun, chacune, comme il est,
Comme elle est !
NE DERANGEONS PAS LE MONDE
Marius JACOB

Le 21 septembre 1994, Théoneste Bagosora était interrogé par *La Marche du Siècle* :
– *Est-ce que vous accepteriez de répondre devant la justice si elle vous demandait des comptes ?*
– *Oui... Mais il faut qu'ils amènent les gens que j'ai tués et qu'ils prouvent tout ça.*

S'il ne se vidait pas de tout son sang, c'est de peur qu'il mourrait. Les yeux fermés et la bouche entrouverte, il tentait de reprendre son souffle, étouffant des râles de souffrance. Une douleur aiguë lacérait sa tête dont le cuir chevelu était entaillé de part en part. Un liquide tiède et poisseux coulait par saccades sur son visage. Du sang ! Il réprima une violente nausée quand il réalisa que ce n'était pas le sien. Poursuivi par deux hommes de la milice, il s'était jeté dans le charnier, jouant des épaules et des coudes, s'enterrant comme un ver sous les corps dont certains étaient encore chauds. Il entendait les deux hommes crier et, fendre l'air et les chairs avec leurs machettes. Quelques-uns encore vivants, le crâne fendu, les tendons sectionnés, suppliaient qu'on les achève. Un battement sourd pilonna ses tempes. Les voix s'estompèrent. Son dernier souvenir fut l'odeur âcre qui emplissait ses narines ; des effluves de sang et d'excréments précédant ceux de la chair en décomposition. Il perdit connaissance.

* * *

Cheryl valide et regarde le montant qui apparaît en bas de l'écran de son micro portable. Pour un début de semaine de fin de mois, c'est une bonne journée. Des femmes essentiellement, pour des permanentes et des mèches. Question de saison sans doute. Avec l'installation de l'été, les têtes prennent du volume, se structurent et en les croisant, on entend presque des oiseaux gazouiller.

Additionnant pour la troisième fois la quinzaine de chèques empilés sur le comptoir du salon déserté, elle lève les yeux lorsqu'elle entend les ciseaux heurter le carrelage. Son apprentie, un balai à la main, fesses en l'air et tête à dix centimètres du sol, se penche pour les ramasser. Agacée, Cheryl repose la pile de chèques, se mord la lèvre inférieure et interpelle la jeune fille :

– Marilyn, je peux te poser une question ?

Visiblement très heureuse de marquer une pause, Marilyn lâche son balai et s'affale sur l'un des fauteuils en cuir gris disposés autour de larges miroirs encadrés de jaune. Le sourcil gauche en accent circonflexe, elle dodeline de la tête en battant ses longs cils. Une de ses jambes nues et interminables vient s'agripper à l'accoudoir et, d'un geste précis, elle ôte un à un des cheveux sur sa jupe tout en gardant un œil interrogateur en direction de sa patronne. Pas possible, ce n'est pas l'école de la coiffure qu'a faite cette fille mais celle du cirque. Cheryl ne veut pas se l'avouer mais elle l'a choisie parmi une bonne dizaine uniquement à cause de son prénom, prénom porté par sa star fétiche et le choix de ses apprenties s'est toujours avéré judicieux. Jusqu'à ce jour…

– Je vous écoute madame Cheryl.

Cheryl ne relève pas. Sur ce point, elle a renoncé.

Elle lui a bien répété une centaine de fois que madame est de trop et qu'elle ne travaille pas dans un bordel mais la gamine s'en contrefiche comme de sa première Barbie.

– J'ai remarqué, reprend Cheryl d'une voix lasse, que chaque fois que tu te baisses pour ramasser quelque chose, tu le fais non pas en pliant les genoux, mais en plongeant la tête la première et immanquablement, on voit ta culotte… Tu as un problème de ménisque ou c'est tout simplement un exercice ?

Un sourire à peine dissimulé sur le coin des lèvres, l'apprentie redresse le buste et toise Cheryl.

– Et alors, ça ne m'empêche pas de travailler ! Où est le problème ?

Contenant une exaspération latente, Cheryl la dévisage avec insistance tout en tentant de décoder. Pourquoi cette gamine à la frimousse pétillante montre ses fesses à longueur de journée ? Une clé lui échappe, c'est certain.

– Personnellement, il n'y a pas de problème. En tous les cas, il n'y en aurait pas si nous n'avions que des femmes parmi notre clientèle. Mais au risque de passer pour une ringarde, je te rappelle que maintenant nous coiffons aussi les messieurs. Enfin surtout depuis que tu es là… et tu les mets dans des états épouvantables. Je te préviens, Marilyn, un de ces quatre tu vas te faire coincer dans le bac à rinçage et tu l'auras bien cherché, crois-moi. C'est bien simple, chaque fois que tu te baisses, je les sens se trémousser, s'exciter, ils bougent la tête et deviennent intenables. Ça ne peut plus durer… Alors, quand c'est une coupe à la tondeuse, je fais des trous et à la rigueur, ça peut passer, mais aux ciseaux, c'est très dangereux ! Je vais finir par en lobotomiser un... Merde, arrête de montrer ton cul !

La dernière fois que Marilyn a entendu sa patronne jurer, c'était juste avant Noël, quand un poivrot avait gerbé sur le sapin qu'elle venait de décorer avec des nœuds de soie jaune et gris et qu'elle avait installé sur le trottoir, juste devant la vitrine. Il avait fallu tout jeter, même le sapin. Et elle avait été alors très impressionnée. Cheryl est dotée d'une classe naturelle qui rend le moindre juron dans sa bouche, anachronique, presque déplacé.

L'apprentie consulte sa montre et jette un coup d'œil circulaire dans le salon tout en retroussant le nez. Faire des grimaces est chez elle une autre façon de respirer. Elle plonge son regard violet dans celui de Cheryl et dans une profonde expiration lâche à regret :

– J'aime faire bander les vieux... Je ne peux pas m'en empêcher, c'est plus fort que moi !

Partagée entre le respect de la liberté d'autrui dont celle de gérer ses fesses et la bienséance, réminiscence d'une éducation sans faille, Cheryl ouvre la bouche pour lui répondre, lorsqu'il apparaît dans l'encadrement de la porte.

Plus grand que le Poulpe, l'ami courant d'air de Cheryl mais combien persistant, les muscles longilignes et saillants sous un tee-shirt et un jean blancs, et surtout magnifiquement noir, l'homme, la main sur le montant de la porte vitrée du salon, halète et semble avoir du mal à reprendre son souffle. Intriguées, les filles le regardent. Il va forcément dire quelque chose.

La trotteuse a bien dû faire quelques tours de cadran quand il déclare, la voix hachée :

– Coupez-moi les cheveux !

Cheryl consulte ostensiblement sa Breitling.

– Désolée, déclare-t-elle impérieuse, le salon est fermé et de plus, je ne reçois que sur rendez-vous.

Elle marque un temps d'arrêt et allonge le bras en direction de l'agenda. Un bref coup d'œil sur la page du lendemain, elle reprend :

– Je peux vous proposer demain matin, disons à...

– Non ! Tout de suite, rétorque l'homme en entrant dans le salon après avoir regardé par-dessus son épaule en direction du boulevard Voltaire.

Considérant d'un regard professionnel le demi-centimètre de cheveux qui tapisse le haut de son crâne, Cheryl se hasarde :

– Vous savez, à mon avis ça peut attendre demain. Il n'y a pas vraiment d'urgence et vous êtes tout à fait présentable ainsi...

Elle s'interrompt. L'homme a contracté les mâchoires et serré les poings. Son regard sombre la transperce. Elle le soutient un long moment et se dit que la décision qu'elle va prendre empoisonnera irrémédiablement sa petite vie tranquille partagée entre les allées et venues du Poulpe, entrecoupées par les visites de quelques amants fidèles et des sorties avec ses amies à La Coupole ou à Saint-Germain.

Elle se tourne vers Marilyn qui depuis l'apparition de l'homme n'a pas cessé d'ôter des cheveux imaginaires sur le bout de coton mélangé lin qui lui sert de jupe.

– C'est bon ! Marilyn. Tu peux rentrer, je terminerai.

La jeune fille esquisse un sourire crispé et se lève. Elle va se baisser pour ramasser le balai quand Cheryl élève subitement la voix, interrompant son geste :

– Non… Tu ne touches à rien, surtout tu ne ramasses rien, je m'en occupe. Allez file. C'est bon pour aujourd'hui !

Sur le portemanteau, Marilyn attrape son sac à dos orange fluo, roule un regard contrarié en direction de l'homme et quitte le salon sans un mot.

Cheryl baisse alors les stores tout en laissant la porte ouverte, elle constate que la rue est tranquille, bien tranquille. Puis désignant les bacs, crâne d'une voix mal assurée :

– Mon mari me prend dans un quart d'heure. C'est tout le temps que je peux vous consacrer. Installez-vous au shampooing.

«Plus pintade que ça, tu meurs», se dit-elle en écoutant sa voix aigrelette de bourge parvenue. Ça sonne faux. «Bon Cheryl, t'assumes ! T'as les foies mais tu restes digne.»

Comme l'homme hésite et regarde autour de lui, elle se dit qu'elle est une conne magistrale de s'être engluée dans ce piège à merles. Il va la violer puis peut-être l'étrangler et il ne sera même pas arrêté par la police ; Marilyn est incapable de distinguer un Noir d'un autre Noir. Elle a bien une lacry dans sa caisse, mais elle ne s'en est jamais servie et à tous les coups elle est périmée. Il y a aussi les ciseaux, il n'y a qu'à tendre le bras pour les saisir... C'est à ce moment qu'elle constate avec effroi qu'il a déjà plusieurs cicatrices d'entailles sur la joue et dans le cou. Elle frémit. C'est peut-être un serial killer de coiffeuses. Une sueur froide sillonne sa joue. Merde, son maquillage est en l'air.

Affolée, elle fait l'inventaire de tous les objets susceptibles de lui permettre de se défendre notamment le Beretta calibre 6,35 que lui a offert le Poulpe le 11 juillet de l'année précédente, date anniversaire qu'ils fêtent tous les ans. Anniversaire mystérieux qui est devenu un rite dont elle ne connaît pas la signification. La seule piste qu'il lui a donnée est l'assurance que cela n'a rien à voir avec une femme. Elle l'a mille fois questionné, soumis à d'odieux chantages mais il n'a jamais cédé. Elle seule devra trouver la réponse. Mais pour l'instant le pistolet se trouve au premier étage dans son appartement. Inaccessible.

L'homme la questionne :

– Je peux utiliser vos toilettes.

D'un signe de tête, elle lui indique une porte recouverte d'une photo en noir et blanc d'Elsa Martinelli, le visage auréolé d'une coiffure aussi actuelle que les cachous Lajaunie mais qui donne au salon cette touche originale dont sont dépourvus la plupart, moulés dans le carcan aseptisé des top models sans passé sous la lumière blanche des halogènes impersonnels.

Le bruit sec de la targette condamne la porte derrière lui. Elle se précipite vers celle qui mène chez elle mais, la main sur la poignée, se ravise. Elle n'est plus tout à fait sûre de trouver l'arme, elle l'a changé de place à maintes reprises et ne se souvient plus avec certitude du dernier endroit. Elle doit sortir. Dans la rue elle sera en sécurité parmi les passants et elle ira se réfugier à la Sainte Scolasse.

À moins d'un mètre de la sortie, le reflet du miroir lui renvoie la haute stature de l'homme qui sort déjà des toilettes. Les épaules affaissées, le regard hagard, elle réalise alors qu'il ressemble à tout sauf à un violeur. Elle hésite et revient sur ses pas. Elle l'accompagne jusqu'aux bacs où il s'enfonce lourdement dans un fauteuil, puis lui passe une serviette éponge sur les épaules.

L'homme se laisse laver les cheveux en silence tout en gardant les yeux mi-clos en direction de l'entrée. Cheryl ne peut s'empêcher de regarder elle aussi la rue. Cet homme est traqué. Elle le sent angoissé, à la limite de la panique. Elle aurait pitié de lui si une boule ne s'était pas formée dans le creux de son estomac, signe évident d'une situation qu'elle ne contrôle plus. L'air est devenu lourd sous les néons. Le vent est tombé avec le jour.

Le shampooing terminé, elle le conduit devant un des grands miroirs pour la coupe. Elle peigne ses cheveux ras, songeuse. Quoi qu'elle fasse, il n'y paraîtra rien, sauf peut-être à la tondeuse.

– Vous tenez absolument à ce que je vous coupe les cheveux ? lui demande-t-elle doucement. Je vous préviens, plus courts, c'est la boule à zéro. Mais si vous voulez vous… vous reposer quelques instants ici, je n'y vois pas d'inconvénient.

Dans le reflet du miroir, l'homme scrute le regard

azuré de Cheryl, grimace un sourire et demande en ôtant la serviette jaune de ses épaules :

– Vous pouvez, s'il vous plaît, éteindre toutes les lumières et fermer la porte.

Cheryl déglutit, range le peigne dans un tiroir et s'exécute sans poser de question. Après avoir fermé la porte, elle abaisse un à un tous les fusibles du tableau électrique. Une pénombre discrète les enveloppe et la rue apparaît soudain plus claire. À pas de velours, il se place derrière les stores baissés et surveille les abords du salon pendant de longues minutes. Tapie entre le casque à infrarouge et le coin du mur, Cheryl observe la silhouette massive qui se découpe dans le contre-jour. L'homme lui apparaît encore plus grand. La longueur de ses jambes est impressionnante et ses membres disproportionnées par rapport à son corps. Elle ne peut s'empêcher de le comparer à Gabriel. Elle a trouvé son répliquant.

Son négatif.

Elle sursaute quand il demande sans quitter la rue des yeux :

– Il y a une autre sortie que celle du magasin ?

– Oui, il y en a une autre, ricane Cheryl. C'est la porte d'à côté mais vous serez vu de la même façon.

Elle hésite un moment avant de poursuivre :

– Mais… si vous craignez de sortir maintenant, vous pouvez rester un moment ici, cela ne me dérange pas et vous partirez quand vous jugerez le moment venu… Si vous avez besoin de passer un coup de fil, le téléphone est sur la banque.

Elle pense exactement le contraire de ce qu'elle

dit, tout en espérant qu'il ne va pas accepter. Pas un instant, elle ne songe à le questionner. Cela ne la regarde pas. C'est juste un homme qui est entré trente minutes dans sa vie et qui va en sortir. À tout jamais...

Cette attente, dont l'issue ne dépend plus d'elle engendre une profonde lassitude, elle se laisse tomber sur un fauteuil. Tout en allongeant ses jambes fines, elle se masse délicatement les tempes. Un bain tiède sera le bienvenu. Elle esquisse un sourire lorsqu'elle pense à Gabriel, les choses seraient différentes s'il était là.

Debout derrière le store, l'homme n'a pas bougé d'un pouce. Les passants se raréfient, Cheryl reconnaît les employés et les commerçants du quartier qui rejoignent la bouche de métro sur le boulevard Voltaire. Elle se baisse instinctivement quand Louise, la vendeuse de chez Nicolas ralentit le pas devant le salon pour se regarder dans le reflet de la vitrine. À sept heures du soir, elle a toujours les lèvres peintes de ce rouge bordeaux qu'elle ne quitte jamais. C'est la fille d'un viticulteur de la vallée du Rhône, propriétaire de quelques hectares de coteaux de Crozes-Hermitage. Œnologue de formation, Louise est incollable sur les vins. Il y a quelques années, elle avait rejoint la capitale dans l'espoir d'être sommelière à la Tour d'Argent. Sans succès. Son beau rêve s'était effondré quand elle s'était amourachée d'un brasseur de Schiltinguen qui lui avait fait un enfant entre deux récoltes de houblon. Il l'avait définitivement abandonnée à la troisième récolte. Ne se sentant pas le courage d'affronter sa famille et son village, Louise avait alors trouvé une place de conseillère en vin dans un magasin de la rue Popincourt. Cheryl, cliente fidèle de la boutique de vins fins, avait immédiatement sympathisé avec la jeune femme qui la tenait informée des dernières cuvées qu'elles testaient parfois toutes deux dans l'arrière-boutique après la fermeture.

Évoquant ces soirées vinicoles, Cheryl réalise qu'elle a soif. Elle passe le bout de sa langue sur ses lèvres sensuelles dont le rouge a été digéré depuis une paire d'heures. Une bouteille de blanc est au frais chez elle, un Condrieu de 89 qu'elle se réserve pour une occasion. Là, c'est carrément de l'imprévu et elle ne peut espérer meilleur prétexte. «Si je m'en sors sans mal, je me la tape.»

Dans la rue, les passants se sont dilués. Elle sursaute. L'homme a bougé. Elle l'avait presque oublié, sa silhouette plantée devant la vitrine s'était intégrée dans le décor. Il se retourne vers elle. Il lui semble qu'il incline la tête dans sa direction. Peut-être la remercie-t-il. Le clair-obscur du contre-jour ne le confirmera pas. Il jette un billet sur la première tablette et sort brusquement du salon. Il a disparu comme il était arrivé.

Un étrange vague à l'âme l'éclabousse. L'absence de Gabriel sans doute, qui joue aux prolongations. Il est parti pour plusieurs jours à Oshkosh assister à un meeting de vieux coucous. Jusqu'à présent, il s'était contenté des manifestations de Sceaux près de Paris, mais cette fois-ci l'appel a été trop fort ; deux Polikarpov évolueraient dans la ville américaine et les voir voler était devenu une obsession incontournable.

Elle se ressaisit et ferme la porte à double tour, déconnecte le micro, enfourne en vrac la recette de la journée dans une sacoche qu'elle glisse sous le bras et monte chez elle. Son intérieur douillet et parfumé la sécurise. Sans prendre la peine de faire couler un bain comme elle le fait chaque soir, elle va d'abord à la cuisine, saisit le tire-bouchon à la poignée en pied de vigne et ouvre la mini-cave réfrigérée. Elle a un regard ému pour les Hogaarden de Gabriel et, avec précaution elle extirpe la bouteille de Condrieu du compartiments «blancs» dont la température stagne en permanence à 8°. Elle salive lorsque le nectar emplit le verre aux bord hauts et convexes. La sensation de bonheur retrouvé quand le liquide frais se répand sur ses papilles est irrémédiablement gâchée par deux claquements qu'elle identifie sans hésitation. Des coups de feu ! Elle fronce le sourcil. Trop tôt. Le bouquet n'a pas encore eu le temps de s'exprimer. Elle installe la bouteille dans le seau à glace et la peur au ventre, se penche par la fenêtre pour regarder dans la rue.

Huit secondes plus tard et au risque de se rompre le cou dans les escaliers, elle se retrouve près du corps sans vie de son dernier client. Il n'aura plus besoin de coupe de cheveux. Une balle, tirée dans l'œil, a emporté le haut du crâne et des fragments de cervelle sanguinolente sont répandus sur le trottoir. Elle ne reconnaît plus son visage, elle a identifié l'homme grâce à ses vêtements. Ses yeux ne peuvent se détacher du visage mutilé. Elle ne prend pas garde à la bouffée de chaleur qui l'envahit. Un spasme violent la coupe en deux juste avant qu'un filet de bile ne noie le fond de sa gorge. Elle se détourne précipitamment, se lève d'un bond, heurte un homme et vomit avec générosité sur ses chaussures tressées. Il l'insulte copieusement tandis qu'elle est secouée de soubresauts. Épuisée, elle s'assoit sur le rebord du trottoir, les pieds dans le caniveau. Elle tente de comprendre. Le visage du Noir est recouvert d'une fine pellicule de poudre blanche.

C'est bientôt un immense merdier dans la rue. Une femme crie. Des gens se bousculent. Un gamin pleure. Cheryl est presque soulagée quand elle entend les sirènes. Elle se relève et en titubant, parcourt la vingtaine de mètres jusqu'à son salon. On l'a abattu juste devant le 2. Où est mort Vidocq un siècle plus tôt. Elle s'enferme dans son salon, ses jambes tremblent. Elle est incapable de faire un pas de plus, et, le dos appuyé contre la porte, fond en larmes.

Un peu plus tard, allongée sur le lit au milieu de ses kangourous en peluche, enveloppée dans un peignoir rose moelleux et les cheveux coiffés d'une serviette assortie, elle tient le verre par le pied. Elle fait rouler un peu de vin sous sa langue pendant quelques instants et sourit. L'arôme du nectar s'est enfin libéré et le plaisir est total. Elle se refuse à penser à autre chose qu'au vin qu'elle boit à petites gorgées. Les jambes fines du liquide glissent avec grâce le long de la paroi transparente. Sa couleur est celle du soleil au zénith sur le sable d'un désert. À ce moment-là, elle troquerait la moitié de sa cave contre quelques heures sous une tente de touareg dans une oasis à dix mille lieues de la rue Popincourt.

La boule en planque au creux de son estomac enfin évaporée et la bouteille aux deux tiers bue, elle laisse ses pensées déambuler. Si elle avait insisté pour le garder, pour l'empêcher de sortir, il serait probablement encore en vie. Merde, elle a bien vu que cet homme était poursuivi, qu'il avait peur. C'était si évident et maintenant il est mort. Par sa faute. Parce qu'elle n'a pas osé perturber son train-train réglé comme une horloge suisse calée sur l'heure de Moscou. En refusant de s'immiscer dans les affaires des autres, elle a provoqué le pire. Ça s'appelle tout simplement non-assistance à personne en danger. Elle en veut à Gabriel de ne pas être là. Pendant qu'il est à l'autre bout du monde, le nez en l'air, le cœur dans ses zincs, ses clients se font exploser la tête. Ce n'est même plus du fait divers ; elle évolue en pleine série B.

Le moral en dessous des genoux. Elle se met à la recherche de son portable. Cela dure plusieurs minutes avant qu'elle ne le retrouve. Ses kangourous en peluche l'ont planqué et en se vautrant dessus. Elle les chasse du lit pour la punition et appelle Véra. Elles ne doivent se voir que la semaine suivante, mais peut-être ne travaille-t-elle pas ce soir. À la douzième sonnerie, son amie décroche enfin. Essoufflée, elle lui reproche de l'avoir interrompue alors qu'elle tentait de battre son record de pompes. Cheryl lui rétorque qu'elle s'en tape et que sous peu, elle n'aura plus rien à envier aux routiers de chez d'Entressangle. Véra l'écoute narrer sa fin de journée et conclut leur conversation par un « J'arrive » affectueux.

Les cheveux encore humides, Cheryl enfile un jean et se maquille à peine. La sonnette retentit tandis qu'elle repose la bouteille vide du Condrieu.

Bras dessus, bras dessous, elles se retrouvent sur le trottoir une heure plus tard. L'air est doux comme de la soie et la nuit a métallisé les feuilles des arbres. Cheryl a retrouvé le sourire en même temps que son amie. Leur amitié est récente et leur première rencontre fut plutôt mouvementée. La coiffeuse, l'effet de surprise passé, avait immédiatement sympathisé avec cette jeune femme à deux encablures de la trentaine qui, quelques mois plus tôt l'avait braquée en plein salon. Gardienne de la paix dans une brigade de nuit sur le 13ème arrondissement, Véra avait alors une superbe chevelure rousse qui tombait jusque sur le creux des reins. Lorsqu'elle était entrée dans le salon, Cheryl, en experte, avait interrompu une pose de bigoudis sur des cheveux aussi plats que les polders, s'était approchée de la jeune femme et l'avait contournée, l'œil rivé sur cette crinière flamboyante. Les choses s'étaient gâtées quand Véra lui avait demandé une coupe en brosse. La coiffeuse l'avait gentiment poussée dehors en lui expliquant qu'elle n'avait pas pour habitude de massacrer ses clientes. Et c'est pourtant sous la menace d'un revolver qu'elle avait donné de grands coups de ciseaux dans la masse soyeuse ; ce que trois coiffeurs avaient précédemment refusé de faire. Véra n'avait pas supporté ce nouveau refus. Elle sortait de l'hôpital, lors d'une intervention musclée un dingue avait empoigné ses cheveux, la projetant contre une vitrine blindée. La vitre avait résisté, pas son crâne. Se séparer de sa tignasse magistrale était devenu une question de sécurité élémentaire.

Le lendemain juste avant midi, Véra était revenue au salon avec un CD des Chœurs de l'Armée Rouge pour se faire pardonner. Sur le point d'aller déjeuner, Cheryl avait proposé au fonctionnaire de l'accompagner se faire une salade au comptoir du snack situé à l'angle de la rue de la Roquette. Elles avaient beaucoup parlé et depuis, se voyaient régulièrement. Elles allaient souvent au ciné. Parfois, le dimanche, elles se baladaient sur l'Île Saint-Louis et se payaient une glace qu'elles bâfraient sans retenue comme pouvaient l'être leurs fous rires. C'est au nom de grandes idées que Véra avait choisi d'être flic et c'est par idéologie féministe qu'elle y était restée, histoire de gagner du terrain sur le machisme incurable de ses collègues masculins, convaincus que le fait de détenir une paire de couilles pendouillantes les rendait forcément supérieurs. Se battre contre des moulins à vent aurait été plus gratifiant, mais le gant était jeté. Et Véra s'était balancée à corps perdu dans cette bataille inégale et sans issue.

Cela fait plus d'une heure qu'elles marchent au hasard des rues, quand Véra ralentit l'allure pourtant modérée de leur balade. Elle s'arrête devant des boutiques qui surprennent Cheryl. Par deux fois, Véra se colle devant une vitrine de cravates et de fringues pour hommes. Tout ce qu'elle déteste. Peut-être a-t-elle un mec. La jeune fonctionnaire a toujours été très discrète sur ses aventures. Cheryl lui connaît des copains, surtout des homos mais personne d'attitré. Le comble de sa curiosité est atteint lorsqu'elle se plante devant une vitrine de layette. Surprise, Cheryl se tourne vers elle et l'interroge du regard. Véra fronce les sourcils et lui jette un regard noir tout en contractant ses lèvres charnues en cul de poule, lui intimant de se taire. Véra se penche vers elle, effleure le lobe de son oreille et murmure :

– Un mec nous suit... Tu continues vers le Père-Lachaise et tu tournes rue Merlin, après le square. Moi je le prends à revers par la rue Servan. Ne modifie pas ton allure.

Devant la mine effarée de Cheryl, Véra poursuit :

– Cool ma belle... Ton ange veille sur toi !

Alors qu'adrénaline et rythme cardiaque se concurrencent sur leur taux de progression, le pas incertain, Cheryl s'est remise à marcher, abandonnée par son amie. Rue Merlin, à la hauteur du square, elle s'arrête, prend une cigarette et fait mine de chercher du feu au fond de son sac tout en jetant des coups d'œil furtifs derrière elle. Tout a l'air normal. Déformation professionnelle ou abus de polars, une chose est sûre, Véra se la joue flic de Beverly Hills. Et puis merde. Qu'est-ce qu'elle fout ? Cheryl en a assez, elle veut rentrer.

Sous les acacias, un soudain « Haut les mains Police » hurlé par Véra la fait sursauter violemment. Elle lâche sa cigarette. Juste derrière elle, son amie, revolver au poing, braque un homme de la taille d'un basketteur et plus noir qu'une nuit sans lune. L'homme s'immobilise aussitôt, écarte doucement les bras en gardant les paumes ouvertes. Seuls ses yeux bougent dans l'ombre et naviguent entre les deux femmes. Véra lui ordonne de se mettre dans la lumière du réverbère et prie Cheryl de le palper au cas où il soit armé. Sur le point de s'exécuter, Cheryl s'avance vers lui et s'arrête net, le corps traversé par une onde tellurique. Ses tempes bourdonnent et une peur panique s'empare d'elle. Elle parvient à balbutier :

– Mais vous… vous êtes mort ! On vous a abattu juste devant chez moi aujourd'hui. Je vous ai vu. Là… sur le trottoir. La tête… la tête éclatée.

Véra lève les yeux au ciel.

– Bon. Il ne manquait plus que ça, elle pète les plombs.

Et à l'adresse de Cheryl plus doucement.

– Ma puce, remets-toi. D'accord, lui aussi est noir. Mais bien vivant. Tu te plantes. Allez, ressaisis-toi !

– Arrête, merde, s'énerve Cheryl. Je suis pas folle ! Je sais ce que je raconte. C'est lui ! Je lui ai lavé les cheveux ce soir.

Puis se tournant vers l'homme.

– Allez ! Dites-le, vous, que…

Cheryl ne va pas plus loin. Les phares d'une voiture ont balayé le trottoir et dans la lumière blanche apparaît la tête de l'homme, asymétrique. Il n'a qu'une oreille.

– Il… il vous manque une oreille ? bafouille la coiffeuse. Pourquoi ?

Elle vit un cauchemar kafkaïen. D'abord vivant,

puis mort. Puis ressuscité mutilé. L'illusion est totale. Elle recule à petits pas et se laisse glisser sur le sol, contre le montant d'une des entrées du square, Cheryl supplie son amie :

– Véra, si ce n'est pas pour *Surprise sur prise.* S'il te plaît, tu m'abats. Là. Maintenant !

Méfiante et indécise, Véra finit par baisser son arme sans toutefois la ranger.

– Vous êtes qui ? questionne-t-elle. Vous nous suivez depuis une heure… Et pourquoi mon amie dit que vous êtes mort ?

Il baisse ses longs bras avec prudence et lève les yeux en direction du ciel sans étoiles que les lumières perpétuelles de la capitale ont définitivement occultées. D'une voix rauque, il laisse tomber :

– Le mort. C'est mon frère !

Dix minutes plus tard, attablés à une terrasse de bistrot sur le boulevard Voltaire, pas un ne parle. Ils regardent les voitures circuler sur l'avenue et attendent que le garçon vienne prendre leur commande. Un thé pour Cheryl, la même chose pour Véra et leur étrange compagnon. Tout en remuant son infusion qu'elle ne sucre plus, Cheryl prend la parole et organise les présentations.

– Je m'appelle Cheryl, mon amie, c'est Véra et vous-même, quel est votre nom ?

– Télesphore.

– Je ne parlais pas de votre Société, reprend la coiffeuse avec indulgence, mais de votre nom.

– Oui, j'ai bien compris. Je m'appelle Télesphore. Télesphore Mukamurigo. Mais vous pouvez m'appeler Gauguin. C'est mon surnom.

– Vous voulez dire Van Gogh ! enchaîne Véra, un sourire condescendant dans le coin des lèvres.

Télesphore sourit à son tour avec clémence.

– Non, Gauguin. Mes amis me surnomment ainsi car durant les années où j'étais étudiant je reproduisais des toiles du maître pour me faire un peu d'argent... L'oreille, c'est bien plus tard. Maintenant je suis médecin.

Il se tait. Ses longues mains posées à plat sur la table, il tourne la tête vers les passants qui défilent sur le trottoir. Certains le regardent avec insistance. Il fait partie de cette race d'hommes que l'on ne rencontre qu'une fois dans sa vie. Sauf pour Cheryl peut-être. La finesse de ses traits n'a d'égale que la grâce du contour de son visage. Ses dents, alignées comme un bataillon de chasseurs alpins illuminent un visage au grain de peau passé au tamis de chercheur de poussière d'or. Il est beau comme un dieu. Cheryl ne parvient pas à détacher son regard. Si semblable à son frère dans la globalité, mais tellement différent dans les nuances.

Véra balbutie des excuses qui l'enfoncent lamentablement, interrompues par Cheryl qui lui écrase les orteils pour l'obliger à se taire.

Une escouade d'anges passe avant qu'il ne reprenne :

– Je connais les assassins de mon frère et je sais pourquoi on l'a abattu. Je sais aussi qu'il est resté un moment chez vous. Pas pour se faire couper les cheveux, c'est certain. Il s'était aperçu qu'on le suivait... En entrant chez vous, il détenait une enveloppe contenant des photos et je voudrais savoir s'il vous l'a remise.

– Pour les cheveux, c'est exact. Il n'y avait plus rien à couper. Quant à l'enveloppe dont vous parlez, je n'ai rien vu. Votre frère ne m'a rien confié. Il est resté un moment. Je lui ai proposé de téléphoner, il n'en a rien fait et a préféré repartir. Sept ou huit minutes plus tard, j'ai entendu les coups de feu. J'aurais dû insister. C'est certain…

Mal à l'aise, Cheryl hésite puis continue, le regardant droit dans les yeux :

– En fait, quand je l'ai vu sur le trottoir, je me suis approchée très près. Et sur son visage était répandue une poudre blanche, une poudre qui ressemblait à de la…

– De la drogue ! Oui, c'est de la drogue, s'écrie-t-il avec rage, ce sont eux qui la lui ont jetée sur le visage. C'est leur façon de procéder. Tout ça pour faire croire aux flics que c'est un banal règlement de compte. C'est tellement gros que tout le monde le gobe et au moins, ça a le mérite de ne déranger personne. Pensez-vous ! Un Black découvert mort avec de la drogue sur la gueule, c'est tout juste si cela occupe quatre lignes à la rubrique des faits divers.

Il a élevé le ton en prononçant les derniers mots. Les consommateurs d'une table voisine se retournent vers lui. Il se lève, fouille dans la poche de son jean et jette un billet sur la table.

– Je dois partir. Vous en savez assez et vous n'êtes pas en sécurité avec moi. Trop repérable ! ajoute-t-il en portant sa main droite à l'orifice de son oreille amputée de son pavillon.

Il a rejoint le trottoir quand Cheryl crie :

– On peut vous joindre où ?

– À la Pitié. Service des maladies tropicales. J'y suis encore cette semaine. Ensuite je repars en Afrique soigner mes frères, les grands singes !

Les deux tiers de la terrasse savent maintenant où le retrouver mais il s'est adressé à Cheryl. À moins d'un paludisme soudain, elle ne voit pas ce qui pourrait les rassembler à nouveau.

Lui aussi est sorti de sa vie comme il y est entré. Brutalement. Mélancolique, elle accroche du regard sa silhouette de prince du désert et le perd lorsque la foule mouvante l'engloutit. Le mirage a disparu. A-t-il seulement existé ? Il n'a pas touché à son thé.

* * *

Quand Cheryl franchit la porte de la Sainte-Scolasse, Gérard laisse le café se répandre sur la grille de la machine. Il a suspendu son geste et calé deux tasses vides sur son large torse, le sourire rayonnant. Les habitués accrochés au comptoir ont interrompu leur conversation et posé leur tasse, suivant le regard du patron de ce bar restaurant du 11ème connu pour ses pieds de porc au-delà même des arrondissements limitrophes ; certains clients venant, paraît-il, de la petite couronne. Tous se sont retournés vers l'entrée. Le moteur du bar réfrigéré a cessé de ronronner.

Avant que Cheryl ne choisisse sa place, Gérard muni d'un torchon débarrasse de ses reliques la table qu'un client vient d'abandonner et qui est celle qu'occupe habituellement le Poulpe.

Empressé, il tire la chaise et la propose à Cheryl qui s'y installe, non sans avoir adressé à Gérard un pâle sourire de gratitude. Il lui fait aussitôt un thé, lui porte, attrape au passage le journal qu'il ouvre et étale sur la table, sous les yeux de Cheryl. À la rubrique des faits divers, un entrefilet de quelques lignes est encadré au crayon. Gérard pointe son gros doigt dessous.

«Règlement de compte rue Popincourt dans le 11ème arrondissement, lit-il à voix haute. *Un ressortissant rwandais a été abattu de deux balles dans ce quartier tranquille de la capitale. Il semblerait que sa mort soit liée à un trafic d'héroïne. La police mène l'enquête.»*

Cheryl arrache le journal des mains de Gérard, relit l'article puis se lève violemment, renversant sa chaise. Elle a plié le journal en huit de telle sorte que pour le lire à nouveau, il n'y aurait que le fer à repasser pour le rendre lisible. Surpris, Gérard recule et contemple avec effarement la jeune femme qui a repris des couleurs, et qui de long en large, maugrée devant le comptoir :

– Non mais c'est complètement dingue cette histoire ! Un mec se fait exploser la tronche juste devant chez moi, un client de surcroît et quelques heures après, on conclut à un banal règlement de compte. Quatre lignes, tu te rends compte Gérard, ce torchon de merde n'a pas pondu plus de quatre lignes sur ce meurtre. Pourquoi ? Évidemment, tout le monde trouve ça normal. Tu penses ! Un Black qui fait du trafic de drogue et qui se fait descendre, c'est tout aussi répandu que les merdes de clébards sur les trottoirs du cours de Vincennes.

Agitant avec fureur le journal maintenant en

lambeaux sous le nez de Gérard, Cheryl dont la rage a succédé à la colère, hurle de plus belle :

– Mais vois-tu, Gérard, moi je te dis une chose ; cela ne va pas se passer comme c'est écrit là. Parce que MOI, je sais des choses que tu ne sais pas. Et ce que je sais entre autres, c'est que ce n'est pas un règlement de compte !

La tête haute, elle toise la demi-douzaine de clients qui l'observent, installés en rang d'oignons devant le zinc, les yeux écarquillés comme ceux des chouettes les nuits de pleine lune.

Gérard se racle timidement la gorge.

– Si ce n'est pas un règlement de compte, se hasarde-t-il la voix mielleuse. C'est quoi alors ?

La superbe de Cheryl s'effondre tout à coup, elle fixe un doigt à l'extrémité nacrée sur le rebord de sa lèvre inférieure et réfléchit quelques secondes.

– Je ne sais pas encore ce que c'est, lâche-t-elle à regret. Ça c'est certain. Mais ce que je peux dire maintenant, c'est que ce n'est pas un règlement de compte.

Conscient qu'il se trouve dans l'œil du cyclone et au risque de déclencher un nouvel ouragan, Gérard avance malgré tout :

– Ne te méprends pas sur ce que je vais te dire Cheryl, mais même le Poulpe le dirait s'il était là. Tu sais, les rues ne sont plus aussi sûres aujourd'hui, et il faut accepter que même dans notre quartier, il y ait des trafiquants. Parce que au train où vont les choses, Paris dans cinq ans, c'est Chicago. D'accord, ça s'est passé dans ta rue. Mais il y a une réalité : la crise, le chômage, les politiques démago corrompus jusqu'au trognon, tout ça fait que forcément il y aura de plus en plus de voyous, même rue Popincourt.

Les mains sur les hanches, Cheryl a lâché le journal que Léon le vieux chien du bar a saisi dans la gueule et secoue énergiquement, achevant de le détruire. La coiffeuse est consternée, réprimant une nouvelle vague de colère qu'elle contient difficilement, elle déclare :

– Gérard, au nom de l'amitié qui t'unit à Gabriel, sois assez aimable de cesser de me prendre pour une débile mentale. Il y a des choses que je sais et que je ne peux pas te répéter. Mais tu verras que l'avenir me donnera raison !

Impériale, elle jette de la monnaie sur le bar et sort sous les applaudissements des clients, laissant Gérard atterré. Ses querelles régulières avec le Poulpe lui manquent tout à coup.

* * *

Quand Marilyn franchit la porte, elle sait que sa patronne a mal dormi. Coiffée comme une guichetière du Trésor public, elle a revêtu une combinaison rouge qui lui aurait permis de circuler sur le chantier du Grand Stade de France sans problème. Marilyn s'attarde un instant sur la tenue de Cheryl et accroche son sac, dubitative. Puis sans un mot, elle passe le chiffon sur les grands miroirs biseautés. L'orage finira bien par passer.

Le premier rendez-vous, une mamie du quartier, cliente du premier jour d'ouverture du salon déride Cheryl qui retrouve son entrain. Un creux un peu plus tard lui permet de se changer et de se coiffer.

La matinée passe au gré des potins de ses clientes,

nombreuses ce matin, et que la nouvelle du meurtre a fait déplacer.

En milieu d'après-midi, alors qu'elle fait une couleur prune à une de ses clientes qui est déjà passée par toutes les teintes des fruits de saison, hormis le kiwi peut-être, Cheryl vient à manquer de produit. Un seul flacon ne suffira pas. Elle prie son apprentie d'aller en chercher un autre dans la réserve. Marilyn abandonne un rinçage et s'y rend. Une bonne minute s'écoule. Impatiente, Cheryl l'interpelle :

– Bon Marilyn, qu'est-ce que tu fais ? Ça vient ?

Trente secondes passent avant qu'elle ne sorte du cagibi.

– C'est quoi ces photos ? lance Marilyn. C'est des copains de régiment de votre ami ? Ils ont vraiment une sale gueule !

Une enveloppe blanche dans la main, la jeune fille réapparaît sans se presser regardant une à une des photos. Interrogative, la coiffeuse comprend soudain. Les photos ! Elle jette ses gants dans le bac et se précipite sur Marilyn, les lui arrachant des mains.

– Donne-moi ça, je veux les voir !

– C'est quoi ? Vous croyez que ça un rapport avec le trafiquant qui s'est fait flinguer dans la rue ?

– On verra bien ! En attendant termine la couleur de madame Juston avant qu'elle ne vire myrtille.

Puis se dirigeant vers son appartement.

– J'en ai pour cinq minutes. Je vais téléphoner.

Cheryl se précipite chez elle, éclaire sur le bureau sa lampe panthère rose et regarde les clichés.

Il y en a une dizaine. Pour la plupart ils représentent des militaires vêtus d'un uniforme qu'elle ne reconnaît pas et tous sauf un ont la peau noire. Les photos ont certainement été prises en Afrique. Elle n'est pas plus avancée et ne comprend pas qu'un homme se soit fait abattre pour ces quelques photographies.

Elle les range soigneusement dans le dernier tiroir de sa commode laquée rose vif où elle retrouve le Beretta qu'elle place sur l'enveloppe.

Elle s'assoit sur le rebord du lit, empoigne une de ses peluches et la blottit contre son cou. La caresse douillette du poil synthétique la rassure. Elle expire profondément. Son regard est attiré par la diode rouge du répondeur téléphonique indiquant un message en attente. Elle appuie sur une touche et reconnaît la voix pénétrante du Poulpe à peine altérée par les quelques milliers de kilomètres.

– Hello Cheryl ! Désolé, je t'ai encore loupée. C'est le décalage horaire. Juste un mot pour te dire que je les ai retrouvés. Il y en a deux. De vrais bijoux. J'ai pu voler dans un des deux et le pilote m'a même laissé le manche quelques minutes. Quelle sensation, je n'ai pas débandé. Le pied total ! En plus, on m'a filé des tuyaux pour trouver les pièces dont j'ai besoin pour le mien… Bon, j'espère que tu fais pas trop la folle sans moi. Tu me manques ! Rassure-toi, les filles ici sont très moches. J'embrasse ton minou et garde-le bien au chaud. *See you later* !

Elle se mord la lèvre. Il n'a pas débandé. Pour qui ? Les Polikarpov ou les filles très moches. Elle craint le pire. Mais bon, c'est le contrat ; pas de comptes à rendre. Putain de contrat. Parfois certaines clauses pèsent lourd.

Des pas précipités dans l'escalier la sortent de ses pensées.

– Madame Cheryl, madame Cheryl !

Cheryl se lève d'un bond du lit où elle s'était étalée au milieu de ses kangourous et va à la rencontre de son apprentie. Marilyn monte rarement à l'appartement, elle a pour habitude d'utiliser l'interphone.

– Il y a deux hommes qui vous demandent au salon, lui dit-elle en haut des escaliers. Et je ne pense pas que ce soit pour se faire couper les cheveux. Ils ont plutôt la coupe maison si vous voyez ce que je veux dire. Et je mange un rat si c'est pas des keufs.

– Des flics !

Cheryl l'attrape par les poignets et la regarde droit dans les yeux.

– Marilyn ! Écoute-moi bien. S'ils t'interrogent, tu peux parler de tout. Sauf d'une chose : des photos. OK ?

Ses lèvres violettes déformées par une grimace, Marilyn se dégage avec douceur de l'emprise de sa patronne.

– Quelles photos madame Cheryl ? rétorque-t-elle. J'ai pas vu de photos. Y'a pas de lézard, rassurez-vous !

Elle roule les yeux et lui décoche un sourire espiègle qu'elle accompagne d'un clin d'œil frondeur, puis elle dévale quatre à quatre les escaliers. Un régiment de hussards ne ferait pas davantage de bruit.

Dans le reflet du grand miroir serti d'un mince néon rose, Cheryl ajuste son spencer sur une jupe qui lui va aussi bien qu'un gant de chirurgien, soulignant ses fesses de telle façon que lorsque les hommes posent les yeux sur elles, c'est comme les mouches sur la confiture.

Elle remet un peu de rouge sur ses lèvres qu'elle fait rouler l'une sur l'autre pour bien l'étaler et d'un agile mouvement de doigts, ébouriffe ses cheveux blonds qui lui couvrent largement les épaules. Satisfaite de son reflet, elle descend l'escalier de bois aux marches recouvertes d'une volumineuse moquette fuchsia.

Plantés au milieu du salon, les deux fonctionnaires font tache. Elle les effleure d'un regard hautain et donne des ordres à son apprentie. Puis, sur le point de les rejoindre elle se ravise quand elle voit madame Juston la tête recouverte de bigoudis et qui ne perd pas une miette de la scène. Cheryl se penche vers elle et en experte, tâte les rouleaux.

– Je ne suis pas certaine que vos cheveux soient bien secs, madame Juston, je vais vous remettre dix minutes sous le casque. Sinon, avec ce temps humide, votre mise en plis ne va jamais tenir.

– Ce temps humide ! Vous plaisantez, cela fait trois mois qu'il n'a pas plu…

– Bien justement ! Je ne vous raconte pas ce qu'il va tomber. Et sous peu, croyez-moi !

D'autorité, elle installe sa cliente très contrariée sous l'énorme casque et le met en route. La soufflerie couvre la voix de Cheryl quand elle demande aux deux hommes l'objet de leur visite.

Ils se présentent. Ce sont bien des flics. Ils l'interrogent sur le meurtre de la veille et ce qu'elle en a vu. Sans entrer dans les détails, Cheryl raconte la coupe, puis les coups de feu quand elle s'est retrouvée chez elle. Elle n'a rien vu.

Un seul pose les questions ; le plus petit. Son air suffisant agace prodigieusement Cheryl, d'autant plus qu'il ponctue chaque interrogation d'un regard ostensible sur son décolleté expressif. Le sourire en coin qu'il affiche conforte l'impression désagréable de Cheryl. Elle ne rêve pas, ce connard lui fait du gringue. Elle le fusille d'un regard méprisant. Ses réponses laconiques sont interrompues lorsque la sonnerie du casque de madame Juston retentit.

– Désolée, messieurs, mais je dois maintenant vous laisser. Ma cliente attend !

– Une dernière question, mademoiselle, reprend-il en sortant une carte de visite de sa poche, peut-être que monsieur Lecouvreur pourrait m'en dire plus ?

À grands renforts rémanents de cours de yoga du soir, Cheryl dissimule sa surprise. Incroyable, ces mecs savent que Cheryl et Gabriel se connaissent. Pourtant, ils ne vivent pas ensemble, lui ne fréquente que les hôtels et jamais les mêmes. Ils sont donc fichés ; fichier certainement pas déclaré à la Commission nationale informatique et libertés. Quand elle pense au pataquès pour établir les fiches perso de ses clientes…

– Cela m'étonnerait fort, cher monsieur, fait-elle avec une ironie désabusée. Monsieur Lecouvreur est à huit mille kilomètres de Paris et à ma connaissance l'ubiquité ne fait pas encore partie de ses multiples qualités.

L'inspecteur paraît soulagé. Il reprend sur un ton jovial, la pupille festive :

– Huit mille kilomètres ?

– Huit mille kilomètres. Sur ce, pardonnez-moi de ne pouvoir vous consacrer davantage de temps, mais j'ai du travail.

Les deux hommes se regardent. Celui qui parle hoche la tête et tend la carte à Cheryl.

– Tenez, je vous laisse mes coordonnées. Si vous avez du nouveau ou si quelque chose vous revenait en mémoire, n'hésitez pas...

Du bout des doigts, elle saisit la carte sans la lire et les reconduit vers la porte.

Elle les suit du regard jusqu'à ce qu'ils disparaissent de son champ de vision et parcourt le rectangle cartonné : Jacques Vergeat – Renseignements généraux – Vergeat, l'ennemi juré de Gabriel est sur l'affaire. Pourquoi les R.G. sont-ils sur le coup ? La mise en plis de madame Juston terminée, elle n'a toujours pas trouvé de réponse.

* * *

Le pavillon des maladies tropicales est à l'extrémité de l'entrée de la Pitié. Elle se félicite d'être venue à vélo, moyen de locomotion qu'elle privilégie au métro lorsque le temps le permet. Elle n'a plus de voiture. Entre les accrochages, les P.V., la fourrière et l'assurance, elle a meilleur compte de prendre les transports en commun ou le taxi. D'autant qu'elle ne s'est jamais vraiment remise d'avoir assisté à l'écrabouillage juste devant le salon, de sa Twingo violette qui n'affichait pas cinq cents kilomètres au compteur et sur laquelle la Ville de Paris avait malencontreusement lâché une benne de gravats. Quand ils avaient retiré la benne, la Twingo dépassait à peine de la hauteur du trottoir. Seul le Tranxène avait pu venir à bout de son état de choc.

Même à bicyclette, il lui faut malgré tout plusieurs minutes avant de trouver le pavillon. Après avoir lesté son vélo d'une lourde chaîne – on lui en a déjà volé quatre – elle franchit les trois marches du perron d'un saut léger. Le jean qu'elle a troqué contre un tailleur lui donne une allure d'étudiante en médecine. Elle se dirige vers la réception qu'occupent deux femmes noires. Avoir la peau noire doit être une condition d'embauche dans ce pavillon. Elle fait demander Télesphore Mukamurigo qu'elle attend une douzaine de minutes. Du bout du couloir, elle le voit arriver. Ses enjambées sont souples, presque félines. Il ressemble à un grand chat. S'il veut jouer, elle serait volontiers la souris.

À sa hauteur, il esquive un sourire et l'attrape par l'épaule.

– Venez dans mon bureau, on sera plus tranquille.

Ils empruntent l'escalier. Avant de franchir le sas du couloir du premier étage, elle parcourt l'organigramme accroché au mur près de la porte. Son nom n'y figure pas ; il est là temporairement, détaché dans le cadre des accords médicaux franco-américains.

Tout le personnel, un masque sur le visage, est revêtu de la tête aux pieds de vêtements protecteurs blancs. Cheryl l'interroge du regard. Il la rassure. *A priori*, elle ne risque rien. Les cas de contamination sont malgré tout peu fréquents.

Son bureau, assez grand, carré, ressemble plutôt à un ministudio ; une kitchenette avec frigo occupe tout un pan de mur. Sur la paroi opposée, une banquette de cuir marron recouverte d'un plaid aux couleurs vives porte les traces d'un repos récent. Au milieu, face à la fenêtre aux stores baissés, sont empilés sur une table immense des livres, des revues spécialisées, des ouvrages scientifiques. Il délaisse son fauteuil derrière le bureau et de la main, lui fait signe de s'installer sur une des deux chaises placées autour d'un guéridon en rotin. Il prend place sur l'autre. Ses mains posées à plat sur la surface inégale de la table, il plonge son regard sombre dans celui de Cheryl. Ses traits sont tirés et de minuscules vaisseaux rouges strient le blanc de ses yeux. Il a visiblement peu dormi et paraît très fatigué, presque abattu. Une souffrance incommensurable émane de lui. Sa douleur gagne insidieusement Cheryl, malgré elle. La peine et le malheur des autres l'émeuvent et la rendent toujours triste. La compassion est chez elle une seconde nature. D'une grande sensibilité, elle a renoncé depuis longtemps à la télé ; le journal télévisé lui arrachait trop souvent des larmes. Surmontant son émotion, elle quitte le sac kangourou agrippé à ses épaules. De la poche ventrale, elle en extrait l'enveloppe trouvée dans son salon qu'elle lui tend fièrement, sans un mot, lui décochant un gentil sourire qui découvre de petites dents blanches bien rangées.

Il saisit délicatement l'enveloppe effleurant du bout des doigts la main de Cheryl qui se demande s'il est conscient des ravages qu'il provoque en elle. La commissure gauche de ses lèvres se hausse de deux millimètres. Ses traits se détendent et ses yeux sombres s'éclairent, atténuant le manque de sommeil.

Il ouvre l'enveloppe et, une à une regarde les photos. Visiblement très soulagé ; il expire un souffle bruyant. Il se renverse sur sa chaise en fermant les yeux une paire de secondes, puis les rouvre.

– Mon frère n'est pas mort pour rien ! dit-il dans un murmure.

Il repose les clichés sur le guéridon et les recouvre de sa main fine aux ongles nacrés de forme oblongue. Des mains d'artiste. Il saisit celles de Cheryl. Ses mains sont chaudes et douces, un frisson la parcourt. Encore un coup comme ça et elle n'y survivra pas. Il enveloppe son visage de son regard d'ébène.

– Je vous dois des explications, Cheryl. Souhaitez-vous les entendre ? Mais avant de commencer, vous devez savoir qu'elles ont le caractère d'une affaire d'État et qu'en avoir connaissance peut mettre votre vie en péril. Des personnes sont déjà mortes pour ça. Ils viennent d'assassiner mon frère. Ils éliminent peu à peu les témoins gênants sur le territoire français. Ils détruisent les preuves et ces photos sont nos dernières preuves. Il y a bien des instances internationales chargées d'enquêter mais le chemin sera long avant qu'elles n'aboutissent. Et d'ici là, il y aura d'autres massacres. Regardez ce qui se passe actuellement au Burundi, au Zaïre. Les enjeux sont énormes. Bien au-delà de ce que vous pouvez imaginer. Ces photos ont été prises au Rwanda, mon pays, sur la colline de Masaka près de Kigali. Savez-vous ce qui s'est passé sur cette colline ?

Une angoisse soudaine étreint Cheryl qui s'est redressée sur sa chaise. Ses mains sont devenues moites. Elle les retire vivement de celles de Télesphore. Elle ne supporte pas les mains moites. Encore moins les siennes. Elle les joint sous son menton. Sa bouche est sèche et d'une voix d'outre-tombe, elle s'entend dire :

– Que les choses soient bien claires entre nous, Télesphore. Ce que vous venez de me dire fait que je n'ai pas envie d'en savoir plus. Mais pas du tout. Ce n'est pas mon combat. C'est le vôtre. Uniquement le vôtre. Et je n'arrive pas encore à comprendre comment nos chemins ont pu se croiser. Comprenez-moi bien, j'ai 33 ans, je suis propriétaire d'un salon de coiffure que mes parents m'ont gentiment payé avec le fruit de leur labeur. J'ai des amants, des amis, je vis bien. Je ne désire rien d'autre. Je ne suis pas militante, je ne crois en aucun parti politique et je ne me connais pas d'ennemi. Je n'aspire qu'à une chose : la paix ! De plus, je ne suis certainement pas de taille à lutter contre une affaire d'État. Nous allons donc en rester là…

Elle glisse ses doigts sous ses mains qu'il a reposées sur la petite table, approche son visage près du sien, et continue :

– Comprenez-moi bien, Télesphore, je n'ai rien

à voir avec tout cela. Mais sachez que je compatis sincèrement et je vous souhaite bien du courage… Adieu !

Elle se tait et le dévisage une dernière fois. Il baisse les yeux sur les doigts entrelacés où le noir et l'ivoire sont mêlés. Il murmure un «oui bien sûr, je vous comprends» et lentement retire ses mains qu'elle imagine, l'espace d'un instant, sur son visage, sur son corps.

Elle se lève et, fébrile, ajuste son sac sur les épaules. Elle se penche pour l'embrasser sur la joue, une odeur de musc et d'ambre poivrée se dégage de son corps et la trouble. Sous ses lèvres, elle sent la rigidité de la cicatrice d'une entaille. Tout est dit. Elle quitte la pièce sans se retourner.

Presque en courant, elle parcourt les couloirs du pavillon. D'un bond, elle franchit les marches du perron et en quelques enjambées, rejoint son vélo. Elle ne prend garde aux deux hommes qui se dirigent vers le pavillon que lorsque ceux-ci s'arrêtent pour la regarder. Leurs silhouettes lui sont familières. Occupée à détacher son cadenas, elle achève son geste et tourne la tête vers eux. Le sourire de merlan frit du plus petit la contrarie. À la lumière de la fin du jour, Jacques Vergeat a le teint jaune. Il s'approche d'elle et, lui tendant la main, l'apostrophe d'un «Chère Mademoiselle, quelle surprise de vous voir ici». Les mains sur le guidon, Cheryl ne bronche pas et s'engage sur l'allée. Elle enfourche son vélo. Avec une vivacité qu'elle n'aurait pas soupçonnée pour son âge, il empoigne le guidon et cale la roue avant entre ses jambes, l'immobilisant.

– J'espère que ce ne sont pas des problèmes de santé qui vous amènent dans ce triste endroit, n'est-ce pas ?

Il ne lui a pas posé la question mais littéralement soufflé au visage. Cheryl bloque son inspiration. Une odeur d'échalote mêlée à celle de vin rouge s'est engouffrée dans ses narines délicates, habituées à d'autres senteurs. Quel porc ! Elle descend de son vélo afin de laisser du champ entre eux sinon elle va tomber raide, foudroyée.

– C'est gentil à vous de vous préoccuper de ma santé. Mais j'envisage tout simplement un voyage et je suis venue me faire vacciner. C'est vivement recommandé où je me rends.

– Comme c'est intéressant ! Et vous partez loin ?

– Non pas vraiment, je vais en Corrèze. Oui, j'ai l'intention de me rendre en Corrèze quelques jours. Joli pays, n'est-ce pas ?

Interloqué, le flic la contemple. Il sent le piège, mais ne peut s'empêcher de questionner :

– Et le vaccin… C'est contre quoi ?

– Contre la connerie, naturellement. Il est notoire que certains Corréziens en racontent d'énormes… Entre nous, un conseil…

Elle s'interrompt, s'approche de son oreille et lui murmure. Mais pas trop près à cause de l'odeur.

– Faites-vous vacciner vous aussi… On ne sait jamais, il paraît que c'est très contagieux !

Digne comme un sphinx qui vient de se prendre un huit sur l'échelle de Richter, Vergeat dont le menton s'est creusé de dépit, marmonne entre ses dents :

– Oui, je vois… Je pense que nous aurons

l'occasion de nous revoir. Au revoir, chère mademoiselle.

Il dégage la roue tout en frottant l'entrejambe de son pantalon sur lequel le pneu a imprimé son empreinte. Il porte deux doigts joints sur la tempe en signe d'adieu. Cheryl exècre sa suffisance.

Elle remonte le boulevard de l'Hôpital et franchit le pont d'Austerlitz encombré en cette fin de journée tout en slalomant entre les voitures, pour beaucoup étrangères. Des hordes de touristes ont envahi les rues de la capitale. Circuler à vélo dans Paris relève du défi et elle sait que persévérer à garder ce moyen de locomotion conduira inéluctablement à l'empoisonnement progressif au dioxyde de carbone si ce n'est à une mort violente sous les roues d'un excité du volant. Mais bon ! L'exercice lui plaît et à chaque fois, elle ressent un agréable sentiment de liberté.

Quand elle s'engage dans la rue Popincourt, l'attroupement qu'elle aperçoit devant son salon ne laisse présager rien de bon. Elle reconnaît pour la plupart les commerçants de sa rue et quelques voisins. Ils forment un demi-cercle et les conversations vont bon train. Pour une fois qu'elle avait pu fermer en milieu d'après-midi. Ils la reconnaissent et s'écartent à son approche. Elle freine brutalement. La vitrine du salon et les murs jaune poussin qui l'encadrent sont recouverts d'inscriptions à la bombe, pour la plupart obscènes et pour toutes outrancières. Louise, la vendeuse en vins fins, vient à sa rencontre. Complètement affolée, elle la saisit par les épaules.

– Ah Cheryl, Dieu merci, tu es là. J'avais peur

que la police ne vienne avant toi. On l'a prévenue. Une histoire de fous, personne n'a rien vu. Monsieur Germain a juste remarqué un camion en double file devant chez toi pendant peut-être une demi-heure. Il a pensé que c'était l'étudiant du dernier étage qui déménageait. Mais en fait de déménagement... Cela leur a permis de se planquer pendant qu'ils écrivaient toutes ces horreurs sur le mur... Mais pourquoi on a écrit tout ça sur ton mur, cela ne rime à rien. On était tous en train de se demander s'il n'y avait pas erreur sur la personne... Et ton salon, si tu voyais dans quel état ils te l'ont mis !

La coiffeuse ôte doucement les mains de Louise de ses épaules et s'approche pour lire plus en détail. Le brouhaha s'est mu en murmures. Ils reculent tous, l'observant avec tristesse, le visage empreint de compassion pour leur voisine, charmante et sans histoire, qu'ils connaissent depuis toujours, et qui est tellement discrète.

Des lettres noires à la calligraphie gothique s'étalent outrageusement. *«Suceuse de Blacks»*, *«salope des colonies»*, *«pouffiasse à bougnoules»*, le tout agrémenté de signes nazis et de croix gammées.

Elle met moins de quinze secondes pour parcourir les insanités qui lui sont adressées et s'engouffre dans la boutique dont la porte a été forcée. Le salon est dans un bordel indescriptible. Les tiroirs des consoles dégueulent leurs fers à friser, tondeuses et sèche-cheveux. Par terre, les flacons sont répandus sur les ciseaux, rasoirs, peignes et brosses à cheveux. Les étagères sont vidées de leurs produits, les bigoudis remplissent maintenant les bacs à rinçage et jonchent le sol. Jamais Cheryl n'a vu son salon dans un état aussi lamentable. Quand elle l'a acheté il y a trois ans, elle l'avait entièrement rénové avec l'aide de ses parents. Son père, tapissier, avait tendu des tentures dans les règles de l'art. Elles sont à présent lacérées. Une rage sourde prend rapidement le pas sur une profonde envie de chialer et de se laisser aller. Ces pourris n'auront pas cette joie. Elle enjambe avec peine ce fatras et, inquiète, se dirige vers la porte de son appartement. Fermé à double tour. Ils n'y sont pas montés. Elle se retourne et interroge Louise qui l'a suivie. La porte extérieure est elle aussi intacte, Cheryl soupire de soulagement. Son appartement a été préservé. Un rapide coup d'œil circulaire lui permet de constater qu'ils n'ont apparemment rien volé. L'informatique est intacte. La caisse toujours ouverte n'a pas été délestée de ses rouleaux de monnaie. L'argent ne les intéressait pas.

Tenter de trouver une explication est maintenant une priorité. Elle ne voit pas ce que des néonazis viennent faire dans cette histoire. La drogue, les nazis, le Rwanda. Tout ça fait subitement beaucoup pour un simple fait divers. Cela ne relève plus de l'article de quatre lignes en page intérieure mais carrément du reportage. Et le Poulpe qui est à l'autre bout du monde. Si seulement il était là. Même lui l'a abandonnée. La machine s'emballe. Elle ne contrôle plus la situation et cela l'atterre.

Son sentiment d'impuissance est accru quand elle aperçoit Vergeat qui ne précède l'identité judiciaire et Police-Secours que de quelques minutes.

– Quelle célérité, monsieur Vergeat ! s'exclame Cheryl. Ce ne sont pas des oreilles que vous avez, mais un radiotélescope…

Elle le lui fait remarquer avec une sincérité qui n'abuse personne. Il se contente de grimacer un sourire contrit. Son acolyte prend des notes et n'a toujours pas décroché un mot. Elle lui demande l'heure. Non, il n'est pas muet. Les flics interrogent les témoins qui n'ont rien vu. L'IJ prend plusieurs photos, relève quelques traces, mais sans conviction. Un travail de pro dans le genre, selon les dires d'un inspecteur. C'est plus spectaculaire et il y a moins de dommages qu'il n'y paraît. L'intimidation est évidente.

Ils restent moins d'une heure et s'en vont. Sur le trottoir, Cheryl attrape Vergeat par la manche et questionne :

– Pourquoi on a fait ça ? Qu'ai-je à voir dans cette histoire ?

– Il semblerait que cela ait un rapport avec le meurtre d'hier. Ils recherchent visiblement quelque chose. Quoi, je ne sais pas…

L'inspecteur se tait et dévisage Cheryl avec insistance. Il saisit son avant-bras tout en exerçant une forte pression.

– Vous êtes certaine ne rien avoir trouvé dans votre salon qui ait un rapport avec l'homme tué dans votre rue hier soir ? Parce que si c'est le cas, je vous conseille vivement de nous en faire part. Il y va de votre sécurité !

La coiffeuse se dégage vivement, se massant le

bras. Elle marque facile et à tous les coups ce tordu lui a fait un bleu. Elle soutient sans ciller le regard atone de Vergeat et met ses doigts dans les poches de son jean, occultant sa question.

– Pourquoi vous êtes sur le coup, vous ? C'est plutôt l'affaire des Stups non ? Dans n'importe quel film policier, c'est cette brigade qu'on aurait mise sur l'affaire… Alors pourquoi vous êtes ici ? La presse a dit que c'était une histoire de drogue.

Les lèvres fines et violacées du flic ébauchent un rictus vampirique. Il hausse les épaules.

– La presse… Elle dit bien ce qu'on veut lui faire dire ! Mais si je puis vous donner un conseil, mademoiselle, c'est de prendre le large pendant quelques jours. Des gens s'imaginent que vous avez en votre possession quelque chose qui les intéresse. Ils n'en resteront pas là. Croyez-moi. C'est maintenant qu'il faut faire vos valises et partir en vacances. Peut-être devriez-vous rejoindre monsieur Lecouvreur. Vous m'avez dit qu'il était à quel endroit au juste ?

– À huit mille kilomètres d'ici !

– C'est cela. À huit mille kilomètres… Bonsoir, mademoiselle.

Cheryl le regarde s'éloigner sur le trottoir. Les lampadaires ne sont pas encore allumés et sa silhouette terne se délite dans le gris du crépuscule.

Plusieurs flashes successifs l'éblouissent tout à coup. Une femme la mitraille. Cheryl se retourne et constate que tous les flics ont disparu. Cela ne peut être qu'une journaliste. Ce qui la surprend car la femme, âgée d'une quarantaine d'années est plutôt d'allure distinguée. Très 16ème. Style

Chanel-Hermès-Fauchon. Les mains sur les hanches, Cheryl la harangue :

– Vous voulez peut-être que je me mette de profil devant le mur ?

La photographe la remercie par avance et accepte avec plaisir. Elle place l'appareil devant ses yeux et poursuit la séance photo.

«Non, je ne le crois pas, en plus elle se fout de ma gueule.» En quatre enjambées, Cheryl est à sa hauteur.

– Vous me voulez quoi au juste ? Pourquoi ces photos ?

La femme sort une carte de presse de son sac, la tend à Cheryl et se présente :

– Martine Poitiers de La Berthelière. Journaliste.

Cheryl saisit la carte plastifiée que la main manucurée lui présente et la lit avec attention.

– Je vous préviens, si c'est pour *Gala*, vous vous êtes plantée de cocktail…

– Non, c'est pour *le Parisien*. J'enquête sur le meurtre d'Innocent Mukamurigo et on pourrait penser que le vandalisme dont vous venez d'être victime soit lié au meurtre.

– Le moins qu'on puisse dire, c'est que vous êtes une rapide. Qui vous a prévenue ?

– Peu importe la façon dont j'ai eu vent de cette agression. Une chose est sûre, c'est que nous nous posons les mêmes questions.

– Ah oui ! Les mêmes questions… Pourtant il semblerait que vous ayez déjà les réponses. Votre journal fait état d'un règlement de compte pour une histoire de drogue, n'est-ce pas ?

– Oui, effectivement. Mon confrère des faits divers a mentionné cela. Mais sur les dires de la police seulement. C'est pour cela que je suis là aujourd'hui. Je peux vous poser quelques questions ?

– Non, vous ne pouvez pas. Je suis fatiguée et je n'ai pas envie de collaborer à votre torchon. Allez plutôt questionner la police. Sur ce, bonsoir, madame.

Le menton à l'horizontale, la moue hautaine, Cheryl tourne les talons et va interroger le serrurier qui s'active sur la porte d'entrée. Il a pratiquement terminé.

* * *

Dans la pénombre de son appartement, Cheryl compose un numéro sur le téléphone en Plexiglas rose translucide. La lumière de la rue éclaire faiblement le cadran. On lui passe la communication au bout de quelques secondes.

– Télesphore ? C'est Cheryl… Je veux savoir ce qui s'est passé sur la colline de Masaka… Puis-je venir maintenant ?

* * *

Le taxi la dépose à l'entrée de l'hôpital devant la barrière baissée. Cheryl la contourne et s'engage sur la large avenue de la Pitié. Il lui faut presque un quart d'heure de marche soutenue avant qu'elle ne rejoigne le pavillon des maladies tropicales. Le gravier crisse sous son pas et elle avance maintenant dans l'ombre des arbres. Un chat la fait sursauter. Cet hôpital est envahi par les greffiers, elle en a croisé au moins une dizaine. Les souris ne doivent pas avoir la vie facile.

Au premier étage, deux gardiens de la paix sont assis devant la porte du bureau du médecin. Un a quitté ses chaussures et posé sa casquette dessus. Ils jouent au Scrabble. Indécise, Cheryl s'arrête devant la porte en les observant. L'un des deux relève la tête et, la détaillant ostensiblement de haut en bas, lui adresse un large sourire accompagné d'un clin d'œil égrillard. Elle frappe et s'engouffre dans le bureau en même temps que lui parvient la voix de Télesphore lui permettant d'entrer.

Elle referme précipitamment la porte et demande à voix basse au Rwandais :

– Qui c'est, ces deux cons ? Pourquoi sont-ils devant votre porte ? Vous êtes assigné à résidence ?

Le médecin éclate de rire. D'un rire franc et sonore. C'est la première fois qu'elle l'entend rire. Entre deux éclats, il bafouille :

– Non, rassurez-vous. Ce n'est pas encore pour moi. Ils gardent un détenu de Fresnes qui nous rend fréquemment visite lorsqu'il fait des crises de palu. Elles sont d'ailleurs de plus en plus violentes et Fresnes n'est pas équipé pour le soigner.

– Mais ils jouent au Scrabble !

– Encore là, ce n'est pas méchant. Parfois, ils sont trois ou quatre, je les vois dans d'autres services et là, c'est carrément le tarot, la bière et les cigarettes. Les couloirs deviennent de véritables tripots. Une fois, je les ai vus faire jouer le détenu, il leur fallait un quatrième…

Télesphore installe Cheryl sur le canapé, elle lui raconte le saccage de sa boutique ainsi que les graffiti.

Les sourcils froncés, il l'écoute attentivement. Il a avancé le guéridon et préparé du thé. La lampe de bureau et un plafonnier dont les spots peu puissants sont réglés vers le haut renvoient une lumière diffuse qui baigne la pièce d'un halo reposant, presque intime. Du canapé, elle peut contempler une grande photo couleur sous verre accrochée sur le mur juste au-dessus du guéridon. Elle ne l'avait pas remarquée la première fois. La gravure représente un paysage de collines verdoyantes, couvertes d'habitations au milieu de jardins potagers et de vergers, entourées de petits champs aux cultures variées. On pourrait croire un paysage de la Drôme si cela n'était la végétation caractéristique des pays équatoriaux. Elle la regarde un long moment et interroge Télesphore. L'effet est magique ; le visage de l'homme s'éclaire et des rides de sourire sertissent le coin de ses yeux.

– Cette photo a été prise il y a maintenant deux ans. C'était juste avant les massacres... C'est un beau pays, n'est-ce pas ?

La fin de sa phrase se fond dans les rumeurs sourdes de la ville. Il se parle à lui-même et pendant quelques instants, il est là-bas. Son pays lui manque et il sait qu'il n'a réellement de place nulle part. Tel est le sort de milliers de réfugiés dispersés de par le monde, déracinés, tout simplement parce que quelques-uns en ont décidé ainsi.

– Mais pour revenir aux dommages qui ont été causés chez vous, il paraît presque certain que les deux affaires sont liées. Hier, juste avant de se faire abattre, mon frère a rencontré un contact important qui lui a remis les photos. Elles avaient disparu du circuit pendant plus de deux ans. On se demande encore comment cette pellicule n'a pas été détruite. Mon frère l'avait sur lui quand il a été laissé pour mort sur un charnier de Kigali. Nous sommes suivis et épiés et on ne parvient pas toujours à les semer. Après votre départ de cet après-midi, j'ai eu la visite des R.G. Ils m'ont questionné à votre propos et j'ai dit ne pas vous connaître, mais je crois qu'ils ne sont pas dupes.

Il sert le thé, prend sa tasse et se renverse dans le canapé qui doit mesurer plus de deux mètres. Chacun en occupe une extrémité. Ce n'est même plus une distance respectable, mais un véritable no man's land.

Ses lèvres effleurent la porcelaine, le thé est bouillant. Cheryl repose sa tasse et ramène ses pieds sous ses cuisses. Elle a adopté une position confortable, elle est prête. Lui s'est installé de biais et la regarde mais elle a le sentiment qu'il ne la voit pas vraiment.

– Cheryl, que connaissez-vous du Rwanda ?

Elle hoche la tête, fait mine de rassembler quelques souvenirs épars et répond incertaine :

– Je crois savoir que c'est un petit pays quelque part au cœur de l'Afrique. Je sais aussi qu'au printemps de 1994, une guerre ethnique a éclaté entre les Hutus et les Tutsis et qu'il y a eu beaucoup de morts... Et qu'à ce jour, la région est très instable, les Hutus et les Tutsis n'ont toujours pas réglé leurs problèmes. C'est à peu près tout ce que je connais du Rwanda.

Télesphore ébauche un sourire.

– Je vous rassure. C'est largement autant que ce

que connaissent la plupart de vos concitoyens. Sachez qu'il y a eu un million de morts en soixante jours. Pour vous donner une idée de l'ampleur du massacre, la guerre d'Espagne a causé la mort de six cent mille personnes en quatre ans. Imaginez un instant à quoi peut ressembler un pays grand comme la Bretagne devenu un gigantesque camp d'extermination et dont le sol est jonché de milliers de cadavres.

– Mais comment a-t-on pu en arriver là ?

– Le Rwanda était à l'origine un peuple qui vivait en harmonie. Puis il y a plus d'un siècle, les Blancs sont arrivés ; les colonisateurs, d'abord les Allemands, puis les Belges en 1914. Des prêtres catholiques ont alors décidé de nous convertir à leur religion en créant des écoles où seuls étaient admis les descendants des chefs tutsis. Puis cette discrimination est allée croissant, s'étendant à tous les Tutsis. Les Hutus, quant à eux, ne pouvant accéder à l'enseignement, virent dans les Tutsis les complices du colonisateur. C'était une idée diabolique pour servir le dessein de la Belgique. Les Belges avaient porté leur choix sur les Tutsis car ils les croyaient de race supérieure étant de morphologie plus grande, alors que c'est tout simplement une question d'alimentation, les Tutsis étant des éleveurs et les Hutus des cultivateurs. Cela a duré ainsi des décennies, les Tutsis faisaient tout le sale boulot et assuraient l'interface entre les colonisateurs et les Hutus pourtant majoritaires, ces derniers représentent 80 % de la population rwandaise, les Tutsis 15 % et les Twas, 5 %. Mais peu à peu les Tutsis ont pris du champ, et, dans les années cinquante, les fils ont commencé à revendiquer leur indépendance. Sentant que la situation leur échappait, les Blancs ont monté la tête aux Hutus en leur expliquant qu'ils étaient depuis toujours sous le joug des Tutsis, qu'ils ne devaient plus tolérer cela et qu'il fallait les renverser et les tuer. D'où les premiers massacres en 1959 que l'on a appelés la «Toussaint rwandaise», encouragés par le clergé belge qui a désigné le Tutsi comme l'exploiteur et la cause des malheurs des Hutus. Ont suivi des exodes massifs de Tutsis pour échapper aux tueries. La première république sous le contrôle des Belges est instaurée en 1962.

– Mais vous, comment vous en êtes-vous sorti, et où avez-vous fait vos études ?

– Dès les premiers massacres en 1959, mes parents ont émigré aux Etats-Unis, j'avais alors deux ans, j'ai grandi là-bas et j'ai pu faire mes études de médecine. Mon père a longtemps collaboré dans une université scientifique du MIT. Au Rwanda, il était agronome et sa spécificité de botaniste africain a beaucoup intéressé la recherche américaine. Ce qui m'a permis d'aller à l'université. Mes études terminées, je me suis rapproché de Médecins sans Frontière et c'est ainsi que j'ai pu retourner au Rwanda avec un passeport américain sous la bannière de MSF. C'était juste avant les événements. Et là tout est allé très vite. Je ne rentrerai pas dans les détails du génocide. Mais tout ce que je peux dire, c'est qu'à ce jour, nous disposons de preuves sur l'implication de militaires français ayant couvert des exactions. Notamment sur la colline de Masaka – ce sont les photos que vous m'avez rapportées – trois mille Rwandais, sans distinction d'ethnie, ont été massacrés durant la nuit qui a suivi l'explosion du Falcon de Habyarimana, le président rwandais, et ce par Bagosora colonel de la garde présidentielle, dans l'unique but de supprimer d'une façon radicale tous les témoins éventuels de l'origine du crash, dans la mesure où cette colline est située juste à côté de l'endroit d'où sont parties les roquettes qui ont atteint le Falcon.

Sans quitter des yeux le médecin, Cheryl saisit sa tasse de thé devenu tiède et la boit d'un trait.

– Dans quelles circonstances votre frère a-t-il pris ces photos ?

– Mon frère était journaliste pour le *Washington Post* et couvrait la région des Grands Lacs, le Rwanda en fait partie. Depuis longtemps, il avait alerté les Français. Il n'était d'ailleurs pas le seul à l'avoir fait. Il avait même rencontré «Papa m'a dit», alors chargé de la cellule africaine.

Cheryl l'interrompt à nouveau :

– Papamadi ! Qui est-ce ?

– Vous l'ignorez ? C'est le surnom que donnent les Africains au fils de votre ex-président. Mon frère l'avait rencontré mais il n'avait pas été pris au sérieux et pour cause. Innocent savait que le fils du palais était très lié avec le dictateur du Rwanda, ils se voyaient fréquemment et séjournaient souvent dans une résidence de Mobutu au Zaïre à Gbadolite. Des photos et des témoignages ont accrédité ces rumeurs. Et son attitude par rapport aux révélations de mon frère a largement confirmé nos impressions. Il faut savoir que la Cellule africaine n'est en fait qu'une vaste fumisterie, servant les intérêts de quelques-uns et le changement de gouvernement n'a pas du tout modifié le cours des choses.

– Mais puisque vous avez des preuves, pourquoi ne les diffusez-vous pas ?

– Nous avons déjà tenté d'alerter l'opinion. Colette Braeckman, journaliste au *Soir* de Bruxelles et au *Monde diplomatique* a fait d'importantes révélations, elle a même écrit un livre. *Maintenant*, journal à ce jour disparu, victime d'une censure économique, a été un des premiers à raconter ce qui se passait vraiment au Rwanda et a publié de longs articles sur le génocide. Preuves à l'appui, le journal a même révélé que l'attentat contre l'avion présidentiel, le 6 avril 1994 a été réalisé par des agents français, avec des missiles détenus par l'armée française. Mais vous savez, qui cela intéresse-t-il vraiment, surtout lorsque l'on sait que le fond véritable a été occulté par l'ensemble des médias qui se ont préféré se focaliser sur le camp des réfugiés de Goma au Zaïre. C'était bien plus spectaculaire et bien moins gênant dans la mesure où on ne désignait pas les vrais coupables.

– Des soldats français sont quand même intervenus pour protéger votre peuple...

– Ah oui et au bout de combien de temps ? Il a fallu trois mois avant qu'ils bougent. Mais l'irréparable était commis. L'Opération turquoise même si elle a permis d'épargner des Tutsis, a surtout été un bouclier pour préserver tous les tueurs et leur a permis de pratiquer la politique de la terre brûlée, d'emmener avec elle toute la population contre son gré au-delà des frontières vers le Zaïre. Quelle mascarade ! Mais notre action est à ce jour modifiée. Nous disposons d'un avantage supplémentaire. Peut-être pourrons-nous porter un grand coup.

– C'est qui Nous ? Vous êtes nombreux à vouloir faire éclater cette vérité ?

– Quelques-uns... Mais si vous voulez, je vous les ferai connaître. Nous devons nous rencontrer demain soir. C'est dans le 20ème arrondissement. Cela vous dit ?

– Oui... pourquoi pas.

– On pourrait se retrouver au square de notre rencontre d'hier soir, disons à vingt heures. Vous prendre chez vous n'est pas conseillé. Je serai à moto et j'aurai un casque pour vous.

Il sert à nouveau du thé et le boivent en silence, le yeux rivés sur les collines rwandaises. Cheryl le rompt la première :

– Votre oreille, vous l'avez perdue sur la colline de Masaka ?

– Non, par chance, je ne m'y trouvais pas. Sur cette colline, tous ceux qui s'y trouvaient ont perdu exclusivement la vie, sauf peut-être mon frère. Quand les ONG ont quitté le Rwanda escortées par les soldats de la MINUAR, je suis resté. Mon peuple souffrait et avait besoin de soins. Il y a beaucoup de médecins parmi les Tutsis, mais la plupart avaient rejoint le F.P.R., le Front patriotique rwandais. J'étais donc à Nyanza, l'ancienne capitale des rois et c'était la nuit. Je m'étais rendu auprès d'une villageoise sur le point d'accoucher. Elle avait perdu les eaux et le bébé se présentait mal. Je devais pratiquer une césarienne. Ils sont arrivés à ce moment-là, avec des machettes et des haches.

On n'a rien vu venir. Un milicien s'est jeté sur moi. Il m'a donné plusieurs coups de machette, puis il m'a sectionné l'oreille. Quand je me suis évanoui, j'ai cru que je mourais. J'ai perdu beaucoup de sang. Ils m'ont alors abandonné, laissé pour mort. Plusieurs heures plus tard, je suis revenu à moi. Ils étaient tous morts. La femme avait le ventre ouvert. Ils avaient tranché la tête du bébé, c'était un garçon... Ils l'avaient césarisée à leur façon... Je n'oublierai jamais !

Il se lève et ouvre la fenêtre. Les rumeurs du boulevard de l'Hôpital leur parviennent lointaines, irréelles. Cheryl a beaucoup de mal à refluer un abattement qui l'engourdit peu à peu. Comment peut-on en arriver à de pareilles exactions avec le monde pour témoin en dolby stéréo ? Ils restent un long moment silencieux.

C'est lui qui donne le signal de départ. Il tend la main à Cheryl pour l'aider à s'extraire du canapé. Sans ses talons hauts, elle lui arrive à hauteur des épaules. Son torse est puissant et elle s'y loverait bien. Elle lève les yeux vers lui. Il s'attarde un moment sur son visage dont la pâleur extrême accentuée par la fatigue donne à la jeune femme une gravité émouvante.

– Il faut rentrer, maintenant. Je vous appelle un taxi.

Il propose de l'accompagner jusque devant l'entrée de l'hôpital et, côte à côte, marchent dans la pénombre des arbres longeant les contre-allées, comme des amis de longue date le feraient. Elle se sent en confiance auprès de lui et voudrait prolonger cette balade dans la douceur de la nuit. Le taxi arrive au moment où ils franchissent la barrière de l'entrée. Il lui prend la main et la garde quelques instants dans la sienne.

– Je vous remercie, Cheryl. Passez une bonne nuit. À demain.

Un étrange sentiment l'envahit lorsque le taxi descend le boulevard.

* * *

Les douleurs dans le ventre deviennent maintenant insupportables. Cette marche à travers les longs couloirs l'épuise. Elle ouvre une à une les portes du corridor sans fin. Toutes les chambres sont vides. On lui a dit que le docteur est à la 201. Elles portent toutes le même numéro : le 201. Maudite infirmière. Une lumière plus loin. Le 201 sur une porte est luminescent, c'est un néon. On entend chuchoter derrière la porte. Elle l'ouvre avec force, puisant dans ses derniers soubresauts d'énergie. La lumière blanche de la pièce l'aveugle d'abord puis sa rétine s'accommode. Les tables de travail sont jonchées de petits bouts de chair rose. Elle va vers la plus proche. Des bras et des jambes de nourrisson par dizaines, arrachés. Ni tête, ni torse. Elles les cherche. Pourquoi les membres seulement. Des grognements attirent son regard, elle baisse les yeux. De grands chiens noirs dépourvus d'oreille dévorent les têtes des bébés. Elle sursaute violemment, terrifiée. Les voix s'amplifient, elles viennent de partout. Elle veut crier. Aucun son ne peut sortir et c'est en nage qu'elle se réveille. Une chaleur lourde a envahi la chambre. Elle tend l'oreille. Les chuchotements sont toujours audibles. Cela provient du salon au-dessous de sa chambre. Il y a quelqu'un en bas, chez elle !

Elle rampe jusqu'au bout de son lit. Sans mettre le pied sur la moquette, saisit le téléphone et appuie sur une touche mémoire. La 10. Celle de Pedro, l'ami de Gabriel qui lui a mémorisé son numéro au cas où. L'anar de toujours décroche à la troisième sonnerie.

– Pedro, chuchote-t-elle dans un souffle qu'elle va chercher loin derrière son sternum, c'est Cheryl. Je suis chez moi. À l'aide !

– J'arrive !

Il l'a crié. Par réflexe, elle plaque sa main sur le combiné. Toute la rue a dû l'entendre.

Elle ne raccroche pas. À cause du kling. Elle enfouit l'appareil sous ses draps pour atténuer le bip bip qui résonne dans la chambre. Elle allonge le bras jusqu'au dernier tiroir de sa commode et le fait glisser sans bruit. La crosse froide du Beretta la rassure. Elle le saisit puis à quatre pattes remonte jusqu'à la tête d'oreiller. Le lit ne lui a jamais paru aussi vaste. Elle l'a fait faire sur mesure. Gabriel lui avait pourtant reproché à plusieurs reprises de la perdre dans ce lit immense. Elle empile trois oreillers et dessous, à deux mains, arme le pistolet en faisant claquer la culasse d'un coup sec. Elle enfile son peignoir qu'elle retrouve à tâtons sur la descente de lit, se glisse contre le mur, l'arme dans la main, le doigt sur la détente. Le fonctionnement du Beretta lui est aussi familier que celui de son casque à infrarouge. Grâce aux patientes leçons du Poulpe qui régulièrement l'emmène à la campagne du côté de Viry-Châtillon chez un pote propriétaire d'un cabanon planté sur un bout de terrain et où ils peuvent s'entraîner sur de vieilles canettes de bière sans attirer l'attention. Aux dernières séances, il l'avait trouvée particulièrement adroite. Ils font même des compétitions assorties de gages qui eux, sont hors compétition. À tel point que Gabriel s'est demandé si elle ne s'était pas améliorée uniquement dans l'espoir de le soumettre à des jeux dont la lubricité frôlait les frontières de la perversion. Mais il s'y pliait volontiers pour son plus grand plaisir.

Elle contrôle sa respiration, l'oreille tendue. Les voix se sont tues et elle n'entend plus rien. A-t-elle rêvé ? Elle reste ainsi de longues minutes face au hall, le dos plaqué contre le mur. Les lourdes tentures de velours rose sont tirées et l'appartement est immergé dans le noir absolu. La chaleur devient suffocante. Un orage va éclater, les grondements s'amplifient. Tout proche, le craquement de la sixième marche de l'escalier en partant du haut la pétrifie soudain. Il y en a un deuxième ; ils sont au moins deux. Elle visualise mentalement leur progression. Dans moins de dix secondes, ils seront dans le hall. Une soudaine rafale de vent s'engouffre dans la chambre et fait voler les rideaux doublés au moment où un éclair survolté zèbre le ciel chargé, illuminant l'appartement. Le tonnerre s'abat sur la maison, couvrant le hurlement strident de Cheryl. L'ombre de deux silhouettes lui est alors apparue, démesurée. Elle écrase la paume de sa main gauche sur l'interrupteur, éclairant hall et chambre. Surpris, deux hommes au crâne rasé interrompent tout mouvement, aveuglés par la soudaine lumière. D'un geste ostentatoire, elle fait pivoter l'arme de haut en bas à plusieurs reprises et ordonne d'une voix hystérique :

– Mains en l'air ! Mains en l'air ou je tire !

Langage universel. Ils lèvent de concert les bras au-dessus de leur tête, laissant tomber sur la moquette lampe de poche et pied-de-biche. Elle fera la fortune de son serrurier ; deux portes fracturées en quelques heures.

Pour l'heure, ces nases plantent à trois mètres d'elle et sont certainement armés. Elle doit les désarmer mais s'approcher d'eux la mettra à leur portée. Leur dire de les jeter. Ce n'est pas certain qu'ils s'exécutent. Alors elle attendra Pedro.

– Plus haut, les mains ! Et je vous préviens, vous bougez d'un millimètre, je tire ! Vous ouvrez votre sale gueule, je tire ! On va rester comme ça quelques minutes. J'attends un ami.

Cheryl n'aime pas le coup d'œil qu'ils viennent de se lancer. Tandis qu'ils baissent sensiblement les bras, elle tend le sien, menaçante.

– Ne jouez pas aux cons et croyez-moi sur parole. Au moindre geste suspect, je tire.

La bouche tordue par le dédain, le plus trapu l'ouvre le premier :

– En attendant ton ami, p't-être que tu pourrais nous faire une petite pipe vite fait bien fait, ça serait sympa et...

Elle n'entend pas la suite, elle a tiré sans sommation et sans viser. Elle l'a touché ; le cri étranglé du nain le confirme. Il tient son pied en sautant sur l'autre, geignant sur son sort, la gueule déformée par la douleur. La Doc Martens au bout renforcé est *HS* ; trouée à hauteur du gros orteil. Il s'agenouille pour l'enlever.

– Surtout tu ne l'enlèves pas, connard ! hurle Cheryl. Tu vas bousiller la moquette. Tu vois, je t'avais prévenu. Mais la prochaine bastos, je peux t'assurer que c'est dans la gueule que tu la prends… Je répète, on ne bouge pas, on attend !

Le ton de sa voix la surprend, autant que les deux skins. Ils lèvent haut les bras, résignés. Et attendent.

Guère longtemps. Cheryl pousse un soupir de soulagement et affiche un large sourire radieux quand elle aperçoit le visage buriné de Pedro à travers l'encadrement de la porte dans leur dos. Ils ne l'ont pas entendu arriver. Ébahis, les deux hommes se retournent. La lordose ravageuse, un homme d'un âge déjà avancé, coiffé comme un dessous de bras et armé d'une MAT 49 les tient en joue. Ils identifient instamment le pistolet mitrailleur et les bras s'étirent. Les deux skins ont pâli. Cheryl le met autant sur le compte du regard allumé du physicien nucléaire qui vient de découvrir la particule zéro que Pedro arbore en permanence que sur le PM qu'il pointe. Adressant un clin d'œil complice à Cheryl, le vieil anar s'approche des deux et entreprend de les fouiller d'une main, gardant l'autre prudemment sur la MAT. Il jette pêle-mêle sur la moquette, aux pieds nus de la coiffeuse, un CZ 75 et un Lüger, un cran d'arrêt, un coup-de-poing américain et un rasoir à la lame effilée. De la pointe de son pied manucuré, Cheryl repousse la quincaillerie sous le lit, hors de leur vue et hors de portée. Pedro fouille les poches de leur blouson en cuir noir. De la poche du trapu, il sort un portefeuille d'aspect neuf et une feuille blanche pliée en quatre. Le grand sec a, quant à lui, les fouilles aussi vides que doit l'être son crâne orné d'un court front de dégénéré, surmonté de cheveux noirs et drus, accentuant ainsi son air de primate à la recherche du feu qui s'allume tout seul. L'australopithèque dans toute sa réalité, tel qu'elle se l'imaginait. Pedro ne se résout pourtant pas à admettre qu'il n'a rien sur lui et trouve finalement dans la poche arrière de son jean une petite carte plastifiée avec sa photo. Content de sa découverte, l'anar jette pêle-mêle carte, feuille pliée et portefeuille sur le fauteuil crapaud rose bonbon qui agrémente le petit hall. Avec horreur, Cheryl constate qu'un soutien-gorge en dentelle noire s'étale sur le dossier. Elle glisse vers le petit fauteuil et le fourre dans sa poche.

Pedro lui demande de la ficelle. Elle ne trouve qu'une rallonge électrique et une bobine de ficelle qu'elle a une fois utilisée pour un rosbif à l'occasion d'un retour du Poulpe.

Pedro les ficelle dos à dos et les fait allonger sur la moquette. Il leur recouvre la tête d'un panier en osier.

– De voir leur sale gueule, ça me fatigue ! explique-t-il à Cheryl qui l'interroge.

D'un coup d'œil circulaire, il balaie le salon feutré. La platine laser interrompt son mouvement. Il s'y dirige, sélectionne un CD et la met en marche. *La chasse aux loups* de Vladimir Vissotski secoue le petit appartement.

Puis ils s'installent sur la table de deux personnes de la cuisine exiguë. Pedro s'assoit face au hall. Dans son champ de vision : les deux hommes qui ne bougent pas. Cheryl lui tend une bière et se sert un verre de vin. Il lui pose quelques questions sur l'origine de l'état de son salon de coiffure et hoche la tête à chacune de ses réponses tout en gardant un œil sur les skins.

Puis Pedro va récupérer les papiers qu'il a laissé sur le fauteuil. Ses mains sèches et ridées ont les ongles noircis, teints par l'utilisation répétée de l'encre servant à la fabrication illicite de toute pièce administrative, financière ou commerciale. Véritable professionnel du genre, il a su adapter sa technique à une évolution qui se voulait inviolable. Il est vrai que les nouvelles cartes nationales d'identité lui avaient donné du fil à retordre et il avait dû se mettre à l'informatique. Quelques nuits blanches et moult essais avaient eu raison de l'inviolabilité nationale ; sa longue et grosse science avait outragé la République.

La feuille blanche dépliée, il pose une paire de lorgnons sur son nez busqué et la parcourt en fronçant ses sourcils broussailleux. C'est un tract invitant les sympathisants à une réunion du PFNE, le Parti nationaliste français et européen. Parti créé en 1987 par Claude Cornilleau, ancien de l'OAS, militant au Front national de 1979 à 1983. Néo-nazis et souvent délinquants, ses militants se sont notamment distingués dans des attentats visant des foyers d'immigrés, dans des ratonnades et multiples incitations à la haine raciale. La profanation du cimetière de Carpentras, c'est eux aussi. Pedro suivait avec attention la vie judiciaire de ce parti de nazis souvent dénoncé par *Charlie Hebdo*.

La carte plastifiée avec la photo du primate est en fait un laissez-passer établi par Alpha-Protection, une société de surveillance – le rasé s'appelle Begret. Quant au trapu, son nom est Leven – Pedro le lira sur une carte d'adhérent du PNFE glissée dans le portefeuille avec une invitation pour un concert skin de Légion 88.

Sans faire de commentaire, Pedro repose les cartes sur la table, va à la fenêtre, lève les stores et ouvre grands les deux battants. Le jour naissant étale un voile rosé sur l'Est. Le ciel est dégagé. Juste agrémenté de quelques nuages çà et là, témoins cotonneux d'un orage de courte durée, malgré tout suffisant pour rafraîchir l'air. Les bruits du petit matin se font entendre, espacés mais révélateurs de leur fonction. Camion poubelle en goguette et livreurs de bière jetant leurs caisses sur le trottoir dans un grand bruit de verres qui s'entrechoquent sans jamais se briser. La balayeuse municipale a déjà pris du service et ronronne le long des caniveaux. Habitant sur une péniche, il avait oublié tous ces bruits, il en fait part à Cheryl qui le regarde avec tendresse.

Puis il retourne dans le hall, enlève le panier de la tête des deux skins et les fait asseoir, tout en les gardant ficelés dos à dos. Il avance le fauteuil crapaud qu'il approche de Begret et s'assoit. Sans ménagement, il arrache son bâillon et lui jette dans la gueule :

– Alors, grosse merde, tu fous quoi ici ?

Pas vraiment impressionné, le skin lui balance un regard méprisant en haussant les épaules. Il tourne les yeux en direction de la rue. Il n'a rien entendu.

Pedro répète la question. Qui reste à nouveau sans réponse. De la cuisine, Cheryl observe la scène et se dit qu'elle les claquerait bien avec une pelle à tarte, histoire de les inciter à la conversation. Songeur, le vieil anar baisse la tête et prend la pose du penseur. Féconde, sa réflexion ne dure pas trente secondes, il fait signe à Cheryl de venir et lui murmure quelques mots à l'oreille. Le mouvement de tête affirmatif de la coiffeuse donne le signal. Il se baisse vers les deux hommes, dénoue la rallonge qui les unit mais leur laisse le fil du rôti qui leur lie les mains. Pedro reprend le PM qu'il pointe dans leur direction, le doigt sur la détente.

– Bon, les grosses merdes, si vous voulez bien descendre, nous allons passer côté salon, histoire de vous rafraîchir la mémoire... si l'on peut dire. Un bon conseil. Pas de geste inconsidéré sinon je risque de perdre mon sang-froid et de tirer dans le tas. Compris ?

Cheryl grimace. Une flaque de sang a taché la moquette et elle se demande si le K2R suffira.

En rang serré, l'équipée descend l'escalier étroit. Leven émet un grognement à chaque pas. À la grande satisfaction de Cheryl, il ne saigne plus.

Circuler dans le salon de coiffure est un véritable défi. Avec fébrilité, la coiffeuse débarrasse deux des trois bacs à rinçage. Utilisant la rallonge, Pedro arrime les deux hommes aux appuie-têtes, la nuque renversée en arrière dans le bac. Puis il passe derrière eux, ouvre à fond le robinet d'eau chaude et attend. Un épais nuage de vapeur se forme rapidement au-dessus de leur tête. Il n'a pas besoin de tendre le doigt sous le jet pour tester la température. L'eau s'écoule en fumant au fond du bac. Le jet dans la main, il repose la question :

– Alors, les grosses merdes, vous foutez quoi

ici ? Cette fois-ci, je vous conseille de répondre, parce que si je vous fais un shampooing à cette température, je vous préviens, ça va mousser.

Malgré la vapeur qui a envahi tout le fond du salon, Cheryl distingue Leven tortiller les fesses tout en essayant de faire glisser ses liens. Il est le premier à craquer. En ce qui le concerne, il a eu sa dose. Il hurle tout en gesticulant :

– C'est bon, arrêtez, je vais tout vous dire. Arrêtez cette putain de flotte, merde !

Pedro ne l'arrête pas pour autant. Il promène le jet au ras de son crâne. Le skin sursaute lorsque des éclaboussures d'eau bouillante s'écrasent sur sa peau.

– Je t'écoute, grosse merde, première question, qui t'envoie et pourquoi ?

– C'est Relent, Jacques Relent, chef de la section de Paris.

– Quelle section ?

– La section du parti, tête de nœud !

Le hurlement qui suit impressionne Cheryl, Leven s'est pris un jet sur le front, faisant fumer la peau. Une plaque rouge se dessine très rapidement.

– Tête de nœud, c'est de trop, grosse merde… Alors t'es poli avec moi ou je te décolle toute la peau du crâne. Maintenant tu continues. Pourquoi Relent vous a envoyés ?

– On devait trouver des photos… Une dizaine de photos. On a bien tenté de les chercher hier après-midi en bas, mais on a rien trouvé. On avait pas assez de temps. On en a perdu pas mal à bomber les murs. Il fallait aussi faire peur à la pouffiasse…

Nouveau hurlement qui cette fois laisse Cheryl froide et indifférente.

– Avec la dame aussi, t'es poli, grosse merde. Quel rapport entre le parti et les photos ?

– Moi, j'en sais rien ! On me demande de taguer et de récupérer des photos. Alors je tague et je cherche. J'exécute le contrat quoi !

– T'as quoi en échange ?

Les yeux exorbités, la bouche écumante et en proie à une excitation haineuse sans commune mesure, le néo-nazi récite d'un trait :

– Tout ce que les «bien de chez nous» rêvent de faire. J'ai en échange le plaisir de me battre pour la race supérieure. Lutter contre la bougnoulerie, renvoyer tous les macaques chez eux, au fin fond de la savane. Écraser la juiverie. L'anéantir. Terminer le travail du Führer. Proprement. *Heil Hitler* !

Cette fois Pedro laisse son bras au-dessus de sa tête, ce n'est plus un jet mais carrément une douche. Le vieil anar semble s'être tétanisé. À deux doigts de se réfugier dans son appartement pour ne plus entendre vagir le skin, Cheryl se jette sur Pedro et repousse violemment son bras, qui va se positionner sur l'autre à qui on n'a encore rien demandé, il avait gardé les yeux fermés et crispés pendant toute la séance. Il se met à aboyer à son tour. Inquiète, Cheryl regarde la rue. Toujours déserte. Ce ramdam n'a encore ameuté personne mais il faut en finir, et vite. Les commerçants ne vont pas tarder à ouvrir leur échoppe. Elle fait un signe à Pedro en montrant du doigt l'horloge murale. Il demande où est leur voiture. Elle va la chercher sur le parking de la Poste rue Bréguet et la gare en double file devant le salon.

Elle ouvre le coffre, tout en jetant des regards inquiets autour d'elle. Au bout de la rue, elle aperçoit Louise venir dans leur direction.

Toujours sous la menace du pistolet mitrailleur, Pedro les fait rapidement sortir du salon et les enferme dans le coffre de la R25. Avant que la porte ne se referme sur eux, Cheryl a le temps d'apercevoir le visage boursouflé du primate. La race supérieure est un tantinet défigurée.

Bien plus tard, elle apprendra que Pedro a laissé la R25 sur un parking de la Courneuve après avoir bombé sur les portières : *« J'encule les bougnoules »*.

* * *

Un écriteau sur la porte *« Fermé pour cause d'agression fasciste »* n'autorise l'entrée du salon qu'aux bonnes volontés chargées de le remettre en état. Le boulanger est arrivé le premier une fois son pain fait. Pendant qu'il boit le café, Cheryl en profite pour téléphoner à Véra et lui décrire ses dernières heures. Véra relève l'identité des deux skins et lui promet de faire son enquête via son réseau. Elle a un ami aux R.G. Elle la rappellera dès qu'elle aura du nouveau.

Tous se sont mobilisés pour aider Cheryl. Voisins et commerçants. Monsieur Robert, droguiste dans la rue Sedaine a apporté de la peinture et un rouleau pour couvrir les inscriptions sur le mur. En attendant, monsieur Courtial le buraliste a gratté celles sur les vitres. Des clientes ont aussi participé au nettoyage. Louise s'est occupée d'organiser une pause casse-croûte en fin de matinée. Pain de campagne, rillettes et tommes de chèvre, le tout arrosé de Saint-Joseph rouge. Encore un peu jeune mais prometteur. Cheryl s'est émue de la solidarité de son voisinage. Malgré leurs travers qui l'agacent parfois, ce sont des gens sur qui on peut compter.

* * *

Un seul rendez-vous l'après-midi. Cheryl délègue Marilyn et s'effondre sur son lit. Elle dort quatre heures d'un trait. À son réveil, le salon est fermé. Affamée, elle termine le pot de rillettes qu'elle accompagne d'un fond de bouteille et se fait couler un bain tiède. La sonnerie du téléphone retentit quand son orteil effleure la mousse. Elle saisit le portable et se glisse dans l'eau parfumée. C'est Gabriel.

– Salut mon cœur, je ne te dérange pas ? Une fois sur deux, je me plante avec ce décalage horaire… Tu vas bien ?

– Ça va. Je suis dans mon bain.

– Déjà ! Tu as une sortie de prévu ?

– Oui, tout juste. J'ai rendez-vous avec Télesphore. C'est un Tutsi. Tu sais, c'est fou tout ce qui lui est arrivé. Il n'a qu'une oreille car on lui a coupé l'autre avec une machette. En plus, on a tué son frère avant-hier devant le salon. Tout le monde croit que c'est un règlement de compte entre dealers, mais c'est faux. Ensuite, des skins sont venus taguer les murs et la vitrine du salon, ils ont écrit des tas de saloperies et comme ils n'ont pas trouvé les photos, ils sont revenus forcer encore une fois le salon cette nuit et je les ai retrouvés dans l'appartement, heureusement j'avais le Beretta. J'ai tiré, tu te rends compte. La balle est passée à travers la chaussure du mec et lui a perforé le pied. Je ne te raconte pas la gueule de la moquette. Heureusement, Pedro est arrivé. Il les a désarmés et on les a ébouillantés. T'aurais vu leur tronche. Du coup, je n'ai rien dormi et ce matin, tous les voisins sont venus et ils ont repeint les murs. On a même mangé des rillettes. Et ce soir, j'ai rendez-vous avec Télesphore, on va à une réunion secrète. Il y aura ses amis rwandais et…

– CHERYL ! Cheryl ! Tu as bu ???

–…

– Alors tu as fumé ! T'as fumé quoi ?

– Non mais ça va pas, pourquoi tu me parles comme ça… T'es malade ! Toutes les deux heures, je risque ma vie et tu me demandes si j'ai bu. Ça c'est un comble, Môossieur passe sa vie à jouer les Robin des bois pour les uns et tous les autres. Et le jour où moi je suis dans la merde. Mes fesses ! Démerde-toi. Grozny à côté de ce que je vis, c'est le Club Med figure-toi… Vraiment je me demande ce que je glande avec un con pareil… Allez, salut ! Bien le bonjour à Polikasparov !

Dans une fureur noire, elle coupe la ligne, la laisse occupée et jette le combiné dans la panière à linge. Elle se pince les narines et glisse sous l'eau. Du silence. Elle veut du silence. Surtout ne plus l'entendre. Trente secondes plus tard, elle émerge, la bouche grande ouverte à la recherche d'air. La détente qui la pousse hors de l'eau est si violente que la moitié de la baignoire se répand sur la moquette de la salle de bains. Une plombe pour éponger, c'est le temps qu'il faudra compter pour mettre la baignoire en cale sèche. Et elle n'avait pas de shadock dans ses relations.

Pendant qu'elle éponge, Maria Cristina Kiehr chante une pièce de Barbara Strozzi. Quand elle est soucieuse, la musique baroque la détend, lui permet de prendre du large, d'avoir une vision universelle des petits riens qui lui bouffent la rate. Mais cette fois-ci, même à l'échelle intergalactique, elle a du mal à relativiser et un séminaire à Lhassa n'y changerait rien. Une angoisse latente, insidieuse, l'étreint pendant qu'elle se prépare. À peine maquillée, les cheveux attachés, elle a revêtu un jean clair et un débardeur noir qui découvre des épaules dont les muscles longilignes saillent avec grâce. Elle les couvre d'un blouson assorti au pantalon et remet en place le téléphone. Qui sonne aussitôt.

Elle ne l'a pas mis à l'oreille qu'elle entend Véra hurler :

– Mais bordel, tu fais quoi ? Ça fait vingt fois que je compose ton numéro... J'étais morte d'inquiétude et j'étais sur le point de rappliquer chez toi. Ça va ?

– C'est pas vraiment le pied. Ça pourrait aller mieux. Enfin bon, on fait avec... T'as du nouveau ?

– Tu parles, si j'ai du nouveau... C'était pas bien difficile, la moitié des adhérents du PFNE sont des R.G. infiltrés. Tes mecs, en fait c'est pas vraiment des skins. Tiens-toi bien, ce sont des militaires, et engagés de surcroît. Leven est sous-brigadier et Begret, lui est deuxième classe. Ils sont de la DGSE, au Service des Transmissions. Même s'ils adhèrent complètement à leur idéologie, le PFNE n'est qu'une couverture. Qui couvre quoi ? Mystère ! Fais gaffe Cheryl. Je le sens mal ce coup-là et entre nous tu t'es fourrée dans un sacré merdier. Le Rwanda, c'est du poison et Télesphore la peste. Tu t'en éloignes le plus vite possible. Si tu veux, je peux mettre sur le coup mes potes des R.G.

– Mais ils y sont déjà, les R.G., Vergeat me lâche pas les baskets. Une vraie sangsue...

– Bien justement, parlons-en de Vergeat. D'après ce que j'ai cru comprendre. Il ne devrait pas y être. Une des explications serait qu'il roule pour lui...

– Qu'il roule pour lui ! Comment est-ce possible ?

– Si, sur sa propre initiative et pour son compte. Tu sais, par rapport à ton Poulpe, il y a quand même pas mal d'antécédents...

– Arrête ! Gabriel est dans le Wisconsin. Il est hors du coup...

– Ou bien alors pour le compte d'autres...

– Qui ?

– La DGSE. C'est possible. C'est un peu leur pute... Mais bon. Tout ça, ce sont des suppositions. Mon pote mène l'enquête. On devrait en savoir plus sous peu. Je te tiens au courant.

– Je te remercie Véra. Juste une question perso... Ton pote aux R.G., c'est qui ? Un de tes ex ?

– Ouaih ! En quelque sorte, mais l'ex, c'est sa sœur... Salut ma puce. Dès que j'ai du nouveau, je t'appelle. Je t'embrasse !

Le récepteur collé sur l'oreille, le bip bip résonne dans son oreille. Cheryl raccroche machinalement. Elle n'est pas vraiment surprise.

* * *

Quand elle pénètre dans le square, elle a dix minutes d'avance. La douceur de l'air égaie ses pensées. Elle sourit malgré elle lorsqu'elle repense à sa conversation outre-Atlantique. Il l'a prise pour une dingue et elle l'a jeté. Un couple sur un banc, bras et jambes entrelacés, ont interrompu un baiser passionné pour l'observer. Elle s'assoit en face d'eux et leur sourit. Imperturbables, ils retournent vaquer à leurs occupations baveuses. Puis ils se décollent à nouveau quand Télesphore franchit le portail du jardin quelques minutes plus tard. Il a gardé son casque. Tout de noir vêtu, il semble surgir du néant. Mi-homme, mi-dieu. Il va vers elle, la prend par le bras et l'entraîne d'un pas rapide vers sa moto, il lui tend un casque. Elle grimpe sur la Bonneville T120 et se plaque contre lui, enroulant ses bras autour de sa poitrine. Toujours ce même parfum envoûtant qui s'infiltre sous son casque. C'est au moment où la moto quitte le trottoir qu'elle remarque la BMW en double file. Malgré les vitres teintées, elle reconnaît la journaliste Chanel-Vuitton, ou plutôt son appareil photo. Si elle s'exerce au métier de paparazzi, c'est raté. Elle devra revoir tout le chapitre sur la discrétion. Cheryl n'a pas le temps de le dire à Télesphore. Il a démarré sur les chapeaux de roue. Il la sème d'ailleurs très rapidement. Martine Poitiers de La Berthelière ne fait pour l'instant pas partie de ses priorités.

Ils se retrouvent bientôt dans le 20ème, au fond d'une impasse et elle regrette qu'ils soient si vite arrivés. Rouler dans Paris contre lui, la tête sur ses épaules ne lui déplaisait pas. Elle lève le nez.

L'immeuble de trois étages qui surplombe l'impasse semble être abandonné. Au rez-de-chaussée, un entrepôt désaffecté. Télesphore fait glisser le battant sur un rail. Sans anicroche. La mécanique est parfaitement huilée. Le dépôt est bien plus vaste qu'il ne le paraît de l'extérieur. Une 4L orange et deux R5 blanches y sont garées. Une cinquantaine de cartons sur lesquels est inscrit au marqueur noir Rwanda sont empilés près de la porte. Quelques outils sur un établi. C'est à peu près tout.

Il lui prend la main et l'entraîne vers un escalier. Ils gravissent en silence deux étages. À mi-parcours, des voix étouffées leur parviennent. Une lourde porte en haut des marches masque le bruit des conversations. Le Rwandais sonne deux coups longs plus un court. Silence. Puis dans un bruit de serrures de geôles, la porte s'ouvre sur un homme aussi grand que Télesphore. Si ce n'est un frère, c'est au moins un cousin.

Ils sont à peine une dizaine. Tous de couleur sauf un ; aussi petit et gros que les Noirs sont grands et minces. Encore une claque à la race supérieure.

Télesphore fait rapidement les présentations. La plupart sont des réfugiés rwandais, le petit gros, Michel Bon est journaliste, spécialiste des affaires africaines et a souvent contesté la désinformation que pratiquent certains de ses confrères sur les événements dans cette partie du globe. Tous prennent place sur des chaises de jardin vert foncé disposées autour d'un long plateau calé sur des tréteaux. Mobilier réduit à sa plus simple expression. Dans un coin, un téléviseur chevauche une caisse retournée. À côté, une étagère métallique sur laquelle sont alignés d'épais dossiers. Ils parlent plusieurs heures. De la situation là-bas, de la précarité de la paix et des efforts de tous ceux qui la désirent vraiment, de l'écho médiatique dans le monde guère favorable dont bénéficie le gouvernement en place, de la reconstruction, des difficultés économiques, des caisses vides pillées par les extrémistes hutus. Ils évoquent les réfugiés qui ne veulent pas retourner au pays, victimes de la propagande de l'Hutupower qui continue à s'organiser autour des frontières du Rwanda, de la situation au Burundi et au Zaïre, de la douleur, des morts. Puis ils en viennent aux photos qui circulent une à une parmi l'assemblée, longuement détaillées et commentées.

– Parfaites ! Elles sont parfaites ! On ne pouvait espérer meilleures photos.

Bosco Bigaruka, qui vient d'exprimer sa satisfaction a conduit la réunion de ce soir. Il se tourne vers Cheryl.

– Vous ne pouvez imaginer l'importance que représentent ces clichés pour notre mouvement. La vérité, oui la vérité. Nous allons pouvoir faire éclater une partie de la vérité.

Il lui tend une photo et lui explique alors que le soldat blanc revêtu de l'uniforme des forces gouvernementales est un militaire français, mais pas encore identifié et ils ont la certitude que les deux soldats à la peau noire qui l'encadrent sont aussi de nationalité française. Ces trois hommes ne devaient en aucun cas se trouver sur le territoire rwandais, et cela suite aux Accords d'Arusha qui stipulaient entre autres que toutes les forces françaises de l'opération Noroît devaient avoir quitté le Rwanda à la fin de l'année 1993 pour être remplacées par celles de la MINUAR. Pourtant le plus compromettant résidait dans le fait qu'ils avaient été photographiés en compagnie du colonel Theoneste Bagosora, le Hitler rwandais, chef de la garde présidentielle et principal responsable du génocide, reconnu comme tel par la communauté internationale. C'est lui qui donna l'ordre la nuit du crash du Falcon d'exterminer tous les habitants de la colline de Masaka. La date des photos peut être parfaitement identifiée. Deux des clichés sont pris à proximité de l'aéroport de Kigali, quelques heures après le crash. On peut apercevoir les débris encore fumants de l'appareil. Débris qui seront rapidement enlevés. Il n'y a par conséquent plus aucun doute sur la compromission de certains Français et leur soutien apporté aux génocideurs.

Le tout est maintenant de savoir de quelle façon on va les confondre mais il faut d'abord retrouver leur trace au sein de l'armée. On avisera ensuite.

La réunion se termine et on fixe la prochaine au vendredi. Bosco garde les photos, les négatifs sont confiés au journaliste qui les remettra à un notaire. À la demande de Cheryl, on lui laisse un cliché. Sans trop s'avancer, elle propose d'utiliser son réseau pour essayer d'identifier les militaires.

La nuit a plongé l'impasse dans l'obscurité et Cheryl se serre contre son chauffeur. Elle y prend goût. Les phares de la moto anglaise balaient les murs noircis par des années de pollution. Un chat tigré fait une tentative de suicide en se jetant sous leurs roues. Télesphore avec beaucoup d'adresse, l'évite de justesse.

Pendant tout le trajet, Cheryl ferme les yeux,

entourant de ses bras le torse de son pilote. Elle sent ses muscles fermes sous ses doigts et frémit. Quelques minutes plus tard, ils sont devant sa porte. Elle le lâche à regret et descend avec souplesse de la moto. Après avoir ôté son casque, elle dénoue sa tignasse blonde et la secoue énergiquement. Les lampadaires de la rue Popincourt renvoient des reflets roux. Une lionne dans la jungle urbaine. Elle aurait bien planté ses griffes sur la peau de Télesphore. Il arrête le moteur et enlève son casque à son tour. Méfiant, il inspecte la rue et lui prend la main.

– Soyez prudente, Cheryl. On risque tous très gros.

– Oui, rassurez-vous, je suis bien entourée… Je vous offre un thé ?

Il couvre son visage d'un regard noir et profond, et serre sa main. Elle frissonne. Mais la réponse n'est pas celle qu'elle attendait.

– Non. Je vous remercie. Il est plus raisonnable de vous laisser là. Je vous appelle demain. Faites de beaux rêves.

Il le dit en libérant sa main et se penche vers elle pour l'embrasser sur la joue. Cheryl détourne légèrement la tête. Il ne peut éviter la commissure de ses lèvres. La douceur de son baiser émeut Cheryl. Il lui prend la tête entre ses mains et lui murmure nez contre nez :

– Vous êtes une jeune femme adorable, Cheryl. Ne rendez pas les choses plus difficiles qu'elles ne sont. Il y va de votre vie !

Puis, avant qu'il ne remette son casque.

– Rentrez vite !

La moto vrombit doucement. Elle ouvre la porte

et lui fait un petit signe de la main. Il s'éloigne dans la nuit, la laissant à ses émois frustrés.

Elle referme la grosse porte en chêne tout en la retenant pour éviter qu'elle ne claque, quand elle interrompt son geste, l'œil attiré par quelque chose. Le bout incandescent d'une cigarette. Elle se retrouve à nouveau sur le pas de la porte et regarde quelques mètres plus haut dans la rue, en direction de la BMW garée sur un bateau pavé. C'est encore elle. En colère, Cheryl laisse claquer la porte et se dirige à grands pas vers la voiture. Elle ouvre méchamment la portière.

– Merde, vous ne pouvez pas me lâcher la grappe cinq minutes ! Qu'est-ce que vous me voulez à la fin ?

– Dix minutes… je veux vous parler seulement dix minutes.

– Si je vous les accorde, vous me promettez de me laisser tranquille ?

– Vous avez ma parole !

Cheryl réfléchit quelques secondes et monte dans la voiture côté passager.

Martine Poitiers de La Berthelière éteint la radio qui diffuse une sonate en sourdine. Elle a le temps de déchiffrer *France Musique* sur le poste numérique. La journaliste offre une cigarette à Cheryl qui la refuse. Elle n'aime pas fumer dans les voitures car elle ne supporte pas que ses cheveux empestent le tabac. La journaliste écrase la cigarette qu'elle vient d'allumer.

Sur un ton autoritaire, Cheryl se tourne vers elle et lui lance :

– Je vous écoute !

– Voilà… En fait, je ne suis pas journaliste…

– Ça, ce n'est pas vraiment un scoop. Vous me rassurez sur ce point ! Si vous n'êtes pas journaliste, vous me voulez quoi alors ?

– Vous allez rire, mais je ne sais pas trop comment… En fait, je ne sais pas par quoi commencer… C'est si difficile.

Cheryl consulte sa montre et enchaîne, très agacée :

– Bon, écoutez-moi. Il vous reste encore huit minutes. Je suis très fatiguée et j'ai besoin de dormir. Je vous propose donc de réfléchir à ce par quoi vous allez commencer et…

Cheryl s'interrompt brutalement. Le nez contre le pare-brise, elle regarde la fenêtre de son appartement. Par la fenêtre entrebâillée elle a aperçu un bout de la lourde tenture. Ses rideaux sont tirés… ON a tiré ses rideaux… Elle est certaine de les avoir laissés ouverts, comme elle le fait toujours quand elle sort. Une vieille habitude. Cela lui permet lorsqu'elle rentre la nuit tombée de se diriger jusqu'à l'interrupteur à la lumière de la rue. Elle les tire ensuite.

Blême, elle regarde la journaliste.

– On s'est introduit chez moi… Vous n'avez rien vu ?

– Non personne… Sauf… Sauf une voiture du Gaz de France. Mais à part eux, il n'y a eu personne.

– Du Gaz de France ! Ils étaient combien ? Ils sont restés combien de temps ?

– Oh ! Une bonne demi-heure. Ils étaient deux. Puis ils sont repartis…

– Putain ! Qu'est-ce qu'ils foutaient chez moi... Je ne peux pas rentrer chez moi. Pas comme ça. Conduisez-moi au bout de la rue, je dois téléphoner à une amie.

Cheryl s'engouffre dans la cabine à l'angle de la rue de la Roquette. Elle appelle le commissariat du 13ème. Véra travaille. On l'informe qu'elle est en patrouille sur l'arrondissement et il faut rappeler plus tard.

Décontenancée, Cheryl fait les cent pas sur le trottoir autour de la cabine. Elle fume coup sur coup deux cigarettes. Martine la rejoint. À sa suite, *La Truite* de Schubert frétille sur ses pas.

– On ne peut pas attendre indéfiniment ainsi. Venez. Vous téléphonerez de chez moi... Et puis vous pourrez vous reposer un peu. Allez, venez...

Cassée et à deux doigts de péter les plombs, Cheryl accepte.

* * *

Michel Bon n'aimait pas ce parking souterrain et préférait garer sa voiture dans la rue, comme les autres locataires de l'immeuble d'ailleurs, mais il n'avait pas trouvé de place à l'extérieur. Ce parking était un véritable coupe-gorge. Sombre et mal entretenu. Même le personnel d'entretien rechignait à y aller. Il le traversa presque en courant et s'engouffra avec soulagement dans l'ascenseur. Il était maintenant en sécurité. Sa respiration sifflait et il s'épongea le front. Chaque appartement était desservi par l'ascenseur. Ne pouvaient y accéder naturellement que ceux munis d'une clé et du code d'accès. Cette commodité faisait partie du standing de l'immeuble et pesait lourd dans les charges. Quatre étages plus haut, le plafonnier de l'ascenseur projeta sa lumière jaune aux bords bien délimités sur le parquet ciré de son appartement. Il tendit le bras vers l'interrupteur. Ses doigts trapus ne l'atteignirent jamais, il s'effondra sur le sol. Entre les côtes, la lame acérée avait atteint son but au premier coup.

* * *

Elles traversent tout Paris. Direction le 16ème. Forcément. Les yeux dans le vide, Cheryl n'arrive plus à fixer son attention, à analyser les événements. Elle est épuisée. Ce n'est que lorsque le grand portail électrique pivote sur ses gonds qu'elle émerge. Sur une vaste pelouse, des arbres séculaires montent la garde. Au-delà de l'espace de verdure, une demeure du début du siècle découpe sa silhouette massive dans le halo luminescent de la capitale.

– On est toujours dans Paris ?

Martine sourit avec indulgence. Elle roule jusque devant la maison, actionne un autre portail électrique qui glisse sur un rail. C'est le garage, quatre voitures dont une Rolls l'occupent. La BMW trouve sa place dans l'alignement.

Elles empruntent un long couloir bordé de portes avant d'accéder au cœur de la maison, un vaste espace marbré vers lequel convergent couloirs et escaliers. Il ne manque que le kiosque de la presse et un distributeur de boissons pour qu'il ait l'air d'un hall de gare. Immense, il fait bien dix fois son appartement, illuminé comme la rue de Rivoli une veille de Noël.

– Vous êtes combien à habiter dans cette maison ?

– Je demeure seule. Depuis que maman est morte... Cet hiver.

La fin de sa phrase est à peine distincte. Elle reprend plus fort :

– En fait, je ne suis pas vraiment seule. Il y a la gouvernante et le cuisinier, le jardinier et la femme de chambre. Ce sont deux couples. Ils habitent dans la maison en bordure du parc. Je les garde à mon service le temps de mettre les affaires de maman en ordre. Son départ a été si brutal...

– De quoi est-elle morte ?

– Pendue... Elle s'est pendue avec un bas dans la buanderie. C'est curieux, n'est-ce pas... Elle a utilisé un des bas qu'elle portait ce jour-là !

Une tristesse infinie s'est emparée du visage de la pseudo-journaliste. Cheryl en a mal au cœur et se promet de ne plus la brusquer.

– Mais je manque à tous mes devoirs. Suivez-moi, nous allons nous installer dans la bibliothèque.

Cheryl la suit, marchant sur ses talons. Elle ne veut pas la perdre. Pour se déplacer seule dans une baraque pareille, il faut au minimum une boussole et une carte d'état-major.

La bibliothèque en question est une petite merveille. Comme dans les vieux films anglais. Les murs font deux fois la hauteur de son appartement et sont recouverts de livres de haut en bas. Au milieu, un bureau en acajou vernis. S'il n'a pas appartenu à Napoléon, c'est au moins à son frère. Tout y est. De la plume d'oie à l'aigle aux ailes déployées en bronze servant de presse-livre. Sur le sol, d'épais tapis recouvrent une moquette moelleuse.

Des colonies d'acariens doivent y copuler en paix. Trois canapés en cuir d'un autre âge forment un demi-cercle devant le bureau. Martine invite Cheryl à y prendre place puis rapproche un guéridon sur lequel est exposé un téléphone noir, datant certainement du début de son ère.

– Tenez, si vous voulez appeler votre amie. Pendant ce temps, je vais nous préparer une collation.

Diaphane, elle quitte la bibliothèque, aussi légère qu'une brise d'été. Elle a retrouvé son monde et la rue n'en fait pas partie.

Véra est rentrée au poste mais on vient de l'appeler à la P.J., au premier étage. La voix langoureuse, Cheryl insiste auprès du fonctionnaire. On lui donne finalement le numéro du service où elle doit se trouver. Elle compose aussitôt le numéro. L'inspecteur Pantel répond. On lui passe un autre poste. Ah non, c'est toujours l'inspecteur Pantel.

– Putain de téléphone… Y'a rien qui marche dans cette boîte de merde !

Mais oui. Elle est toujours là.

– Ah pardon. Bon, bougez pas. Je vais voir si je la trouve.

Plusieurs minutes s'écoulent. Cheryl patiente. Elle détaille les livres sur les étagères et elle est formelle. Pas de polars, pas de thrillers, rien. Ils doivent les cacher.

Véra répond enfin, lointaine :

– Volkoff, j'écoute !

– Véra ! C'est Cheryl. Pourquoi, je t'entends si mal ?

– Ah, c'est toi Cheryl. Attends une minute.

Un bruit amplifié heurte son tympan, le récepteur

de Véra est tombé et elle l'entend jurer comme un troufion puis le fonctionnaire réapparaît, enfin audible.

–...C'est bon. J'ai enlevé mes gants. J'ai été appelée pour une fouille et j'ai horreur de faire ça. Enfin, c'est le boulot... Tu veux quoi, mon trésor, je te manque déjà ?

– Véra, j'ai les foies ! Je crois qu'on s'est introduit chez moi et tu dois aller vérifier... Dans l'immeuble, on a vu des types du Gaz de France...

– Et alors ?

– Et alors ! Il n'y a pas de gaz dans la maison... tu comprends, c'est tout électrique !

– Tu es où ?

– Dans le 16ème, chez une aristo. Je t'expliquerai...

– Bon, tu ne bouges pas. C'est pas net ton histoire. Je dois vérifier quelque chose. Du moins, le faire vérifier. Ça va être coton. Si ce n'est pas ce que je pense, on va m'appeler Jeanne... Tu me donnes le téléphone de l'aristo et je te rappelle. Tu ne bouges surtout pas. Donne-moi aussi son nom et adresse.

Poussant une table sur roulettes, Martine pénètre dans la pièce à ce moment-là. Cheryl lui tend le récepteur. L'aristo donne son adresse, acquiesce à plusieurs reprises et raccroche.

Cela se rapproche plus du repas de communion que de la collation, et Cheryl dévore. Du bout des doigts et avec grâce, mais elle dévore quand même. Martine Poitiers de La Berthelière a à peine touché aux mets raffinés disposés sur la nappe amidonnée recouverte d'argenterie, de cristal et de porcelaine.

Le côte-rôtie 85 de chez Guigal est un enchantement pour le palais de Cheryl, ses papilles s'y délectent dans le plus grand désordre. Pendant ce temps, Martine Poitiers de La Berthelière se raconte. Très attentive, Cheryl l'écoute et interrompt parfois sa mastication, surprise ou ahurie. Ses révélations plongent la coiffeuse dans les arcanes de l'État à un haut niveau. Le plus haut.

La mère de Martine était depuis toujours l'amie fidèle et dévouée de Francis de Grolouvres, lui même intime de l'ex-président. Puis, il y a deux ans, Grolouvres était mort, la version officielle étant le suicide. Sa mère, naguère si gaie et enjouée ne s'était jamais remise du décès de son ami et s'était laissée ravager par le chagrin, chagrin dont elle avait mis un terme définitif en abrégeant sa vie. Martine, elle-même historienne d'art, impuissante face au désespoir de sa mère, atterrée par sa mort a cherché un exutoire. Il fallait qu'elle comprenne les véritables raisons de sa mort et la seule façon de s'en sortir était d'écrire un livre. Raconter la vie de sa mère, l'amitié de toujours qui l'unissait à cet homme. Son père, comte de La Berthelière, était mort à sa naissance d'une tumeur au cerveau. Enfant unique, elle avait été très proche de sa mère et de cet homme aussi dont elle devinait l'ombre sans jamais vraiment le voir. Mais l'entreprise était devenue plus compliquée que prévu. Et les pièces du puzzle difficiles à assembler, il en manquait trop. Leur liaison apparaissait aussi clairement qu'étaient troubles les contre-allées du Château. Cette enquête, elle la menait pour son compte et ne la considérerait terminée que lorsqu'elle aurait une réponse à chacune de ses questions.

Repoussant les reliques d'une aile de pintade, Cheryl trempe ses doigts dans le ravier où flottent des rondelles de citron vert. Les intrigues de palais n'ont jamais fait vraiment partie de son univers et les seuls échos que Cheryl ait pu en avoir étaient ceux de la presse ou pire encore, ceux analysés par une cliente, madame Chalavoux, une spécialiste dans le genre.

– Mais vous n'avez pas peur que ça vous pète dans la gueule toutes ces réponses ? demande Cheryl perplexe.

– Vous savez, dans mon milieu, je passe un peu pour une farfelue. Certains m'ont même affublée du sobriquet de Sherlock, vous voyez. Mais actuellement, je tourne en rond. Je n'apprends plus rien. Toutes les portes se sont fermées.

– Vous êtes sûre de frapper aux bonnes ?

– Je ne sais pas. Pourtant j'ai le sentiment très net que mes questions dérangent depuis que j'ai fait le lien entre le suicide volontaire ou non de Francis de Grolouvres et le crash de l'avion du président rwandais moins de vingt-quatre heures avant sa mort. Francis entretenait des relations exécrables avec le fils de l'ex-président qui avait dirigé pendant longtemps la Cellule africaine et il avait mis en exergue que les intérêts personnels du fils étaient très liés à la situation politique du Rwanda. Non que Francis soit tout blanc, loin de là mais tous deux ne jouaient pas dans la même cour. Et je pense qu'en l'écartant, Francis avait une chance de placer ses pions dans cette région de l'Afrique où il avait lui aussi noué des liens avec Habyarimana ; le trafic d'influence faisant entre autres partie de ses occupations lucratives.

– Comment peut-il y avoir un rapport entre lui et le Rwanda ? On ne se suicide pas parce qu'un avion s'écrase...

– Non, sauf si des révélations à chaud peuvent compromettre un équilibre précaire. Habyarimana avait perdu du terrain sur ses opposants ; les Accords le contraignaient à accepter la modération. Ce qui a permis au F.P.R., c'est-à-dire aux Tutsis, de rentrer dans le gouvernement et bien sûr, Paris ne l'a pas vu d'un bon œil. Pourtant, tous savaient ce qui se tramait au Rwanda. Les Belges avaient tiré la sonnette d'alarme, la France a fait la sourde oreille. On n'ignorait pas qu'à Kigali des listes, dont certaines à en-tête de l'armée française, circulaient sur les Tutsis et les Hutus modérés à supprimer, on avait même marqué leur maison d'une croix. Mais, pour d'obscures raisons politiques, on a laissé sciemment un peuple s'exterminer.

– Pour quelqu'un qui se pose des questions, je trouve que vous avez déjà beaucoup de réponses. Que cherchez-vous d'autre ?

– Vous savez, Cheryl, pendant longtemps je n'ai été que très peu concernée par tout ce qui se passait en haut lieu. Le passé, l'histoire m'intéressaient bien davantage et je crois que j'évoluais dans une sorte de nomenklatura totalement imperméable à la vie du petit peuple. Et puis, il y a eu les « Affaires », et en ce moment on assiste à un déballage de vilenies où nombre des personnes de mon monde sont éclaboussées et croyez-moi, c'est très incommodant. Alors, à tant faire de vivre dans les remugles de cette fantastique défécation, autant tremper dans la sienne. Vous ne croyez pas ?

Machinalement, Cheryl pioche une framboise dans une coupelle ciselée et l'écrase contre son palais, songeuse.

–...Entre nous, je ne vois pas bien ce que je viens faire dans tout cela.

– Je m'intéresse de très près à tout ce qui touche au Rwanda. Et je sens qu'en ce moment des choses bougent... Un Tutsi a été abattu devant votre porte. Vous avez été vous-même victime d'une intimidation dont je suis très curieuse de connaître les protagonistes. Et puis ce soir, votre sortie avec le frère de l'homme abattu...

– Comment savez-vous que c'est son frère ?

– J'ai moi aussi mon réseau.

Cheryl est abasourdie. Elle habite dans la cour des Miracles. On entre et sort de chez elle comme dans un moulin. On l'espionne. Le tout-venant sait qui elle fréquente...

– Ne vous offusquez pas ! Ayez confiance en moi... Je vous assure que je vous ai tout dit.

Cheryl la dévisage un long moment puis s'attarde sur ses cheveux. Elle ne peut se départager sur l'origine de ses mèches blondes –Carita ou Alexandre– quant au reste de sa personne, tout est soigné et gracieux. Cette femme a une classe terrible. Comtesse jusqu'au bout des ongles. Cheryl décide de lui faire confiance. L'éclat de ses yeux bleus en amande ne peut la duper et cette femme a certainement des principes ou bien une parole d'honneur du genre «Croix de bois, croix de fer, si je mens, je vais en enfer». Cheryl lui fait jurer de garder pour elle les révélations qu'elle va lui faire aussi longtemps qu'elle l'exigera. Raison d'Etat ou pas. Elle jure. Cheryl raconte à son tour. Tout. Elle conclut en montrant la photo des militaires. La comtesse la saisit et la détaille avec attention.

– Je ne connais pas ces hommes, soupire-t-elle. Vous permettez que j'en fasse une copie.

Cheryl la suit dans un bureau, moderne et moins prétentieux. C'est le sien. Bureautique et informatique rivalisent de technicité parmi des ouvrages sur l'art et des vielles pierres posées à même le stratifié des tables. Un atelier de peinture occupe le tiers de la pièce. Sur une table de travail inclinée, Cheryl avise une toile dans un piteux état.

– Vous lessivez vos tableaux au Karcher ?

Martine ébauche un sourire humble.

– Non, pas vraiment. C'est un tableau que je remets en état. À mes heures perdues, je restaure de vieilles toiles. J'ai un ami conservateur de musée à Florence…

L'action du photocopieur dessine un trait blanc fugitif sur le drap moiré de couleur bordeaux tendu sur le mur. La comtesse rend l'original à Cheryl. Elle découpe soigneusement les contours de la copie pour ne conserver que les têtes puis les colle sur une feuille blanche qu'elle découpe au cutter en trois carrés égaux. Du travail de pro. Si un jour, elle cherche du boulot, elle pourra lui présenter Pedro.

Elles se sont tout dit. La comtesse guide Cheryl à l'étage supérieur et lui offre une chambre proche de la sienne. C'est la chambre rose. Rien à voir avec le rose qu'affectionne Cheryl, mais pour quelques heures, elle s'y fera. La chambre est au moins aussi grande que son appartement. La crise du logement à Paris ! Elle sourit intérieurement. On pourrait loger une bonne partie des protégés du D.A.L. dans cette baraque.

La lumière aveuglante du soleil matinal la réveille. Elle s'est engouffrée dans la chambre quand la comtesse a tiré les rideaux. Elle lui bonjour et lui tend un portable.

– Tenez. C'est pour vous… C'est votre amie. Vous pourrez ensuite prendre votre petit déjeuner, il est servi sur la terrasse.

Cheryl remercie et marmonne un allô caverneux. La voix grave de Véra achève de la réveiller.

– Bonjour ma belle. Désolée de te réveiller mais mon intuition ne m'a pas trompée. Je suis chez toi. Le service de déminage vient d'y passer deux plombes. Et oui ! C'était bien une bombe. J'hésitais entre les micros et la bombe, tu vois. Ils ont sorti l'artillerie lourde et ce ne sont pas des novices. L'ouverture de ton frigo aurait dû déclencher le dispositif. Et bing ! Cheryl transformée en magnet, collée à la porte du frigo. Au vu de la charge, c'est l'immeuble qui tombait. Bon, une chose est sûre on ne peut pas te laisser seule. Le mieux est que tu fermes quelques jours. Tu dois prendre le large… Ta copine dans le 16ème, elle a la place pour t'héberger quelques jours ?

– Oui, je pense.

– Autre chose. Je ne pourrai pas jouer de la grosse

caisse très longtemps. Encore un coup comme ça et je devrais rendre compte. Pour cette fois, les deux collègues du déminage écrasent mais tu n'imagines pas ce que j'ai dû leur promettre… Gare tes miches et ne sors pas sans m'avertir. Je suis chez moi jusqu'à quinze heures. Je vais dormir. Ah, j'allais oublier, sur ton répondeur y avait un message de la grande Seiche qui demandait si t'avais cuvé ton vin… Tu bois en cachette ? Tu sais pourtant que c'est pas bien bon pour ton teint de poupée ! À plus, mon cœur. Je t'embrasse.

Elle raccroche avant que Cheryl n'ait eu le temps de lui répondre. Elle fulmine.

Revêtue d'un peignoir de soie rose assortie aux rideaux et au jeté de lit, Cheryl se rend sur la terrasse. Son petit déjeuner est servi en bordure du parc. Le jardinier s'affaire à ôter les douze feuilles mortes dispersées sur le gazon aussi bien entretenu qu'un green. Madeleine, la gouvernante lui apporte une théière fumante. Cheryl délaisse le bacon et les œufs et se venge sur la confiture d'abricots qu'elle étale sur des toasts grillés encore tièdes.

– C'est de la confiture que je fais moi-même, avec les fruits de mon verger !

Le ton est fier. Cheryl ne l'a pas entendue approcher. La comtesse s'installe sur le fauteuil en face d'elle.

– Vous avez raison de la faire vous-même, c'est bien plus économique…

La lèvre inférieure à peine contractée, signe évident de contrariété, la comtesse hausse le sourcil gauche, visiblement très partagée sur l'attitude qu'elle doit adopter.

– Et puis c'est bien meilleur ! rajoute aussitôt Cheryl.

Sourire satisfait. Déjà coiffée, habillée, maquillée. Du genre qu'on ne prend jamais en défaut.

– Je vous ai fait préparer des vêtements. Nous avons sensiblement la même taille. Ils devraient aller. Les vôtres seront prêts dans la journée...

Cheryl remercie du bout des lèvres. Elle n'a pas l'habitude que l'on s'occupe d'elle et ne sait trop comment prendre la chose. Sa mère a été la dernière personne à laver ses petites culottes. Qu'une autre s'en charge la déconcerte mais elle se résout à se laisser faire. Ce n'est après tout pas si désagréable.

– Quant aux photos. Tôt ce matin, j'ai téléphoné au général Ferley, un ami de maman, c'est un trois étoiles en disponibilité qui a encore un pied dans le ministère. Il veut bien essayer d'identifier ces hommes, dans la plus grande discrétion naturellement. Je lui ai juste dit qu'ils s'étaient trouvés à une garden-party que ma mère avait organisée, comme elle le faisait chaque été et que je voulais connaître leur identité dans le cadre de mon livre. Son chauffeur est venu prendre les clichés il y a une heure.

– Vous êtes une femme redoutable...

– Oh non, n'en croyez rien. Nous avons tous des relations. Quelles qu'elles soient et nous savons plus ou moins les utiliser au moment opportun. Il est vrai, certains plus que d'autres mais cela fait partie du jeu. Du jeu de ce que l'on appelle communément de Société, n'est-ce pas ?

Puis elles parlent de tout et de rien, de leur quotidien, de leur vie. L'organisation de la journée est finalement abordée. Dans l'immédiat, Cheryl peut rester, elle est ici chez elle et peut disposer de la maison comme elle l'entend. Ses amis peuvent lui rendre visite si elle le souhaite. Elle lui remet clés et codes du système d'alarme. Martine sera absente une partie de la journée, elle a un déjeuner à l'Intercontinental. Madeleine a reçu des ordres et s'occupera de Cheryl.

* * *

La rue disposée d'est en ouest permettait aux rayons du soleil d'été d'y séjourner une bonne partie de la matinée. Aveuglé par les rayons matinaux, Bosco Bigaruka mit des lunettes noires dès qu'il se retrouva sur le trottoir. Sa voiture était garée plus haut, il l'avait laissée devant le miroitier. Les mains dans les poches, il avançait d'un pas rapide et ne put éviter la portière violemment ouverte sur son passage. Plié en deux, il ne parvint pas à se redresser, le souffle coupé. Souffle qu'il ne retrouverait jamais. La balle qui traversa son front avait été tirée à bout portant. Une seule suffit.

* * *

Les heures s'étiraient et la matinée s'écoula lentement, au rythme de Cheryl qui avait lu le journal allongée sur une des chaises longues disposées sous les arbres, après avoir appelé Marilyn pour lui dire de prendre quelques jours de congé. Puis elle s'était promenée dans les allées, avait discuté avec le jardinier à qui elle avait extirpé des conseils d'entretien pour ses plantes d'appartement. Elle n'avait jamais eu la main verte. Fallait-il vraiment parler aux plantes pour qu'elles soient belles ? Elle fut soulagée d'apprendre qu'elles préféraient l'engrais.

Elle déjeuna sous les arbres. Les gigolettes de volaille sur une crème d'ail doux la ravirent. En dessert, elle se contenta d'une salade de fruits rouges. Le tout accompagné d'un verre de gevrey-chambertin, cuvée 1987. Si seulement elle savait cuisiner des trucs pareils. Chaque fois qu'elle avait tenté de se lancer dans une cuisine plus élaborée, cela s'était soldé par un échec cuisant. Ou pas assez ! Le pire était quand elle cuisinait pour Gabriel. Les efforts colossaux qu'il faisait pour ne pas hurler de rire lorsqu'elle soulevait le couvercle du fait-tout la vexaient davantage que son plat raté, qu'ils n'essayaient même plus de manger afin de ne pas prolonger l'humiliation de Cheryl.

Aussitôt son thé servi dans la bibliothèque, elle tente une nouvelle fois d'appeler Télesphore. Plusieurs fois dans la matinée, elle a essayé de le joindre mais sans succès. Il décroche enfin, elle a à peine le temps de se présenter que le médecin lui coupe la parole :

– Ne dites pas un mot et notez le numéro de téléphone que je vais vous donner. Vous me rappelez ensuite dans exactement douze secondes.

Elle raccroche. Montre en main et trotteuse sous le nez, elle s'exécute. Il décroche à la première sonnerie.

– Cheryl ! Dieu merci. Vous êtes en vie... Je crois que je suis sur écoute et je suis dans un autre bureau du service. J'ai tenté de vous joindre au salon. Je m'y suis même rendu. J'étais fou d'inquiétude ! Où êtes-vous ?

Elle lui indique sa nouvelle résidence et les raisons pour lesquelles elle a quitté la rue Popincourt.

La voix du Rwandais se fait implorante, presque désespérée.

– Surtout, restez où vous êtes. C'est une véritable hécatombe. Hier soir, après la réunion, ils ont eu Michel chez lui. Ce matin, c'était au tour de Bosco, ils l'ont abattu comme un chien devant sa porte et ont maquillé ça en règlement de compte comme pour mon frère.

– Mais… c'est horrible ! On va tous y passer. Il faut faire quelque chose, Télesphore, on ne peut pas se laisser descendre de cette façon.

– Faire quoi ? Aller à la police ? Et dire quoi ? Moi je ne risque rien. Mais certains de mes amis, dans les vingt-quatre heures, se retrouveront dans un charter sur Air-Pasqua, un aller simple en poche. C'est plus une police, mais une véritable agence de voyages. Non. On ne prendra pas ce risque. Nous devons maintenant aller jusqu'au bout.

– Et les photos… Que sont devenues les photos et les négatifs ?

– Envolés. Ils sont très bien renseignés. Notre local était sous surveillance. Ils voulaient les photos. Vous êtes en danger. Ils savent que vous en détenez une. Vous l'avez toujours ?

– Oui. Bien sûr. Il est fort probable qu'on puisse identifier les militaires. Je devrais avoir une réponse dans les heures qui viennent. Mais rassurez-vous, je vais la dupliquer et mettre l'original en lieu sûr. Ici je suis en sécurité. Pas vous… Venez me rejoindre, Télesphore. Vous verrez, vous apprécierez. C'est très Relais et Châteaux ici...

– ...

– Télesphore, laissez-vous faire et venez souffler un peu, juste quelques heures. Allez... Venez !

La dernière phrase de Télesphore traverse le réseau téléphonique en gondole au son des mandolines.

–... OK. J'y serai en fin d'après-midi. À plus tard, Cheryl.

Fébrile, elle repose le combiné. La peur qui ne la quitte plus depuis trois jours exacerbe le moindre de ses sentiments, la plus anodine de ses pulsions. Ces salauds, même s'ils lui ôtent sa vie, ne lui boufferont pas son âme et pour quelques heures, elle oubliera la fange qui l'entoure et dans laquelle elle patauge. Qu'ils aillent se faire foutre ! Pour l'heure, elle tend peu à peu sa toile autour de Télesphore mais sait, sans se l'avouer vraiment, que la partie n'est pas encore gagnée. Elle ne se souvient pas avoir déployé autant d'énergie pour arriver à ses fins. Sans mettre en doute ses capacités séductrices et la sensualité permanente qui drape son sillage, elle devra développer d'autres stratégies et elle ne sait pas encore lesquelles. Elle improvisera... Son ventre se contracte. Une goutte de sueur glisse le long de ses épaules et s'évapore dans le creux de ses reins. La soirée sera chaude. Elle s'endort sur le canapé.

Quand la comtesse revient, Cheryl lui relate les derniers événements, puis la venue de Télesphore.

– Parfait ! J'appréhendais de vous laisser seule ce soir. Le général m'a appelée dans la voiture. Il a du nouveau. Il les a identifiés mais veut m'en faire part de vive voix et il m'attend pour dix-neuf heures. Étant donné que vous-même êtes assignée à résidence, Virgile, mon cuisinier préparera un dîner pour vous deux.

– Vous êtes adorable et je vous remercie vraiment. Toutefois... Serait-ce abuser de votre gentillesse que de vous demander de me prêter une robe pour ce soir, disons... un peu habillée ?

La comtesse dissimule à peine un sourire complice et l'entraîne dans le dressing. Une à une, elle sort une douzaine de robes. Toutes portées une seule fois, naturellement. Encore mieux qu'au Bon Marché. Cheryl opte finalement pour celle portée au bal de la Croix-Rouge à Monaco. C'est une robe de crêpe, longue, noire et décolletée. Martine lui trouve des chaussures en satin noir, elles font la même pointure. Cheryl file dans sa chambre se préparer. Elle a le temps et accompagne d'un soin particulier chacun de ses gestes. Le résultat la rassure. Martine le confirme avec un sifflement d'admiration et s'éclipse avant qu'il n'arrive.

Debout sur la terrasse, le dos dans le soleil couchant, Cheryl observe Télesphore traverser le parc et venir vers elle. À travers le fin tissu, des rayons de lumière ont gainé d'un voile doré ses cuisses fuselées, révélant leur contour. Il s'arrête à quelques mètres d'elle, caresse d'un regard sans équivoque son corps moulé dans l'étoffe noire puis, sans rien laisser deviner de ses intentions, se jette sur elle. Il la saisit fermement par le bras et souffle dans son oreille :

– Votre chambre… Conduisez-nous à votre chambre !

C'est ce qui s'appelle aller droit au but. Pas très conventionnel dans la forme… Mais bon. Peut-être aurait-elle dû se renseigner sur les rites et coutumes du Rwanda. Elle lui indique d'un signe de tête la porte-fenêtre sur l'aile gauche de la terrasse. Il la traîne sans ménagement vers sa chambre, passant devant Madeleine ébahie, un seau à glace dans les mains. Cheryl se refuse d'interpréter son regard.

À peine entrés dans la pièce, il lui fait faire une volte-face, prend sa tête entre ses mains et écrase ses lèvres contre les siennes, tout en la poussant vers le lit. Il se couche alors sur elle et leur baiser dure une éternité. Cheryl n'a plus aucun doute sur l'effet qu'elle provoque en lui. Il ne saurait être plus éloquent. Bien au-delà de ses espérances. Elle a déployé ses bras autour de son cou et fond sous les assauts de sa langue. Leurs dents s'entrechoquent. Elle s'essouffle, ses tempes bourdonnent. La violence de leur baiser n'a d'égale que le désir qui la submerge. Puis brutalement, il cesse de l'embrasser, relève la tête. Elle s'enfonce dans son regard sombre et triste et elle sait qu'elle n'a pas envie d'entendre ce qu'il va dire.

– Nous n'irons pas plus loin, Cheryl. Tu me rends fou mais nous devons en rester là…

Cheryl se raidit et tente de le repousser. Il ne desserre pas son étreinte. Elle est prisonnière de ce corps puissant.

Sur un ton ironique, la réponse de Cheryl tombe, cinglante.

– Pourquoi ? Tu as tes règles…

Il esquisse un sourire et ses yeux se posent sur elle, doux et caressants. Il lui embrasse le bout du nez. Putain. Ce mec la fait complètement flipper. Il plonge son regard dans le sien, jusque dans ses entrailles.

– Je suis séropositif !

Le douzième coup de minuit résonne dans la maison quand la comtesse pénètre dans la chambre. Cheryl a juste le temps de jeter un peignoir sur la table de nuit où s'étalent, loquaces, trois préservatifs. La boîte a éparpillé son contenu sur le tapis persan et Martine les considère d'un regard distant tandis qu'elle s'assoit sur le bout du lit.

– Bonsoir Télesphore. Soyez le bienvenu chez moi !

Tous deux se redressent, calant les volumineux oreillers en plumes dans leur dos, épaule noire contre épaule de porcelaine. Cheryl ajuste le drap de satin sur sa poitrine arrogante. Martine les contemple un instant.

– Vous êtes beaux, tous les deux. Un véritable appel à l'amour universel…

Elle secoue gentiment la tête.

– Revenons à ce qui m'amène. Ma soirée avec le général a été très instructive. J'ai donc appris que l'un des trois militaires, le Blanc, Emile Belon, faisait partie de l'opération Noroît et a bien été en mission au Rwanda, mais tenez-vous bien, seulement jusqu'en décembre 1993, date à laquelle il est censé avoir quitté le pays comme le prévoyaient les accords d'Arusha. Et en avril 1994, il est supposé être en Centrafrique. Même chose pour les deux autres militaires noirs, qui eux sont originaires des Antilles. Aucun état de service des trois ne mentionne leur affectation au Rwanda en avril 1994. Il semble donc qu'ils y soient restés de manière officieuse, mais toujours sous le couvert de l'armée, puisqu'à ce moment, ils auraient dû être en Centrafrique.

– C'est tout à fait ça ! reprend le Rwandais. Ils étaient quelques-uns comme eux à être restés au titre de conseillers techniques de l'armée rwandaise, mais à la solde de Habyarimana, et ce, en dépit des Accords. Sur la photo, ils sont d'ailleurs revêtus de l'uniforme rwandais. Le fait qu'ils soient antillais devait créer l'illusion. Mais j'ai d'autres sources qui confirment ce fait. On reconnaissait les Français à la façon de mettre leur béret, opposée de celle des Rwandais... En fait, il faut savoir que la France mène une guerre officieuse que les militaires appellent guerre de « basse intensité », c'est-à-dire qu'elle allie quelques opérations militaires, conduites des pays voisins avec des armes françaises, à une propagande intelligente, élaborée par des services spécialisés dont la DGSE fait partie. Ce qui explique la présence de ces hommes au Rwanda.

– Concernant l'affectation actuelle de ces hommes, reprend Martine, on sait que les deux Antillais sont à ce jour retournés chez eux, mutés pour faits de guerre avec les distinctions habituelles qui les accompagnent. Quant à Belon, il est à Paris et jusqu'à présent, toujours à la DGSE, détaché au service des transmissions.

– Le service des transmissions ? C'est le service des deux pourris qui ont bousillé mon salon ! Quelle enflure ! Il envoie ses sous-fifres pour exécuter la sale besogne. Mais c'est quoi, cette mafia dans l'Armée !

– Ce n'est pas tout… Il vient d'être promu directeur de la police auxiliaire, vous savez, ceux qui exécutent leur service militaire dans la police. C'est donc lui le nouveau patron, chargé de la coordination entre les deux ministères. Belle promotion n'est-ce pas ?

Le visage impassible, Télesphore s'est levé. Les deux femmes le regardent s'éloigner vers la salle de bains. Superbement nu.

– Très impressionnant ! murmure la comtesse. J'ai rarement vu un corps d'homme aussi beau. Dommage que la sculpture ne fasse pas partie de mes compétences, je l'aurais volontiers reproduit.

Cheryl non plus ne sculpte pas. Mais ses doigts garderont à jamais le souvenir des contours de son corps. Au cas où elle s'y mette un jour…

Quand il réapparaît, le charme est tombé. Il a revêtu un peignoir. Leur ayant tout dit, la comtesse prend congé.

– Debout les p'tits loups ! C'est sept heures et il pleut. Réveillez-vous ! Le p'tit déj est servi.

Si elle avait pu s'accompagner d'un clairon, il est certain que Véra l'aurait fait. Cheryl grogne, mais pas longtemps. Sous sa tête, la poitrine glabre de Télesphore la ramène à la réalité du jour. Elle s'était endormie au rythme des battements de son cœur.

– Eh bien ! Je vois qu'on n'a pas fait semblant…

Le timbre est inquisiteur. En une fraction de seconde, Cheryl se retrouve sur son séant. Véra, du bout de sa Rangers, compte les emballages des préservatifs, dispersés sur le tapis.

Encore sous le charme de sa nuit, Cheryl soupire :

– Si tu es venue nous réveiller juste pour faire les comptes, ça ne t'ennuie pas de repasser un peu plus tard ?

– Te fâche pas, mon ange. Je viens juste aux nouvelles. Puis je vous laisse, je vais dormir.

Tandis que Télesphore quitte la chambre, Véra se penche vers son amie.

– Alors, c'était comment ? chuchote-t-elle d'un air entendu. C'est vrai ce qu'on raconte…

Un sourire énigmatique dessine les lèvres gourmandes de Cheryl et sur le même ton, elle lui répond :

– Eh bien, non, ma chère. C'est archi-faux… C'est largement au-dessous de la réalité.

Elle ramène alors à elle le drap froissé, et telle une vestale revendiquant l'Amour dans le temple du feu, l'enroule autour de sa fine silhouette avant de rejoindre son amant dans la salle de bains, laissant Véra songeuse.

Trente minutes plus tard, ils déjeunent tous trois dans la grande salle à manger. Cheryl relate à Véra les dernières informations dont elle dispose grâce à l'intervention de Martine. Elle lui parle d'Emile Belon et lui montre la photo.

– Belon ! Belon… J'ai lu son nom au commissariat il y a quelques jours… Mais je ne sais plus à quel propos.

Des cernes bleus dessinés au Stabylo, stigmates d'une nuit passée à veiller, auréolent le dessous des yeux clairs de Véra qui fait des efforts visibles à fouiller dans sa mémoire.

– Ça y est, ça me revient. C'est incroyable… Belon, oui c'est bien lui, sera un des invités du bal de l'Orphelinat mutualiste de la police. Il a lieu samedi soir. Ils font ça tous les ans. Cette année, la soirée aura lieu dans la salle d'honneur de la mairie du 13ème. Je sais qu'il doit faire un speech sur le bilan des policiers auxiliaires dans la police, je crois même qu'il y aura un film sur le sujet. Je suis bien au courant car chaque année, je suis désignée volontaire pour tenir le vestiaire. Tous les bénéfices de la soirée sont bien sûr destinés à l'Orphelinat et il y a toujours un officiel qui fait un discours. Puis ensuite, il y aura un artiste. Cette année, on se tape Michèle Torr, il y aura aussi un spectacle de drag queens, histoire de décaper un poil les croûtons.

– C'est là qu'il faut le coincer !

Il l'a dit d'une voix sourde. Cheryl riposte aussitôt.

– Non mais, t'es complètement dingue. T'as pas entendu, c'est une soirée de flics. Tu te seras fait descendre avant d'avoir ouvert la bouche !

– Et encore, dans l'éventualité où tu pourrais entrer, ajoute Véra. Mais là, j'en doute. Toutes les invitations sont triées sur le store. Et puis entre nous, tu n'as pas vraiment le look de la soirée.

Le Rwandais ne s'avoue pas vaincu pour autant.

– Je sais que c'est forcément là où on peut agir, affirme-t-il en détachant chaque syllabe. Oui, c'est là !

Les yeux noyés au-delà de la ligne d'horizon des cèdres centenaires, devenus noirs sous les rafales de pluie, il s'est parlé à lui-même. Déterminé. Se persuadant que c'est la meilleure solution. L'unique solution.

– Il y aura des journalistes ? reprend-il sans les regarder.

– Oui… Il y en a toujours. C'est un événement assez important, toujours couvert par la presse.

Il s'est levé d'un bond, mû par une détente invisible. Le nez collé contre la vitre des larges baies, il n'a pas quitté le parc des yeux. Les deux filles se lancent un regard lourd de questions. Elles devinent ses intentions tout en craignant le pire. Un silence tendu s'est abattu sur la salle à manger Louis XVI. Il le tranche :

– Véra. Est-il possible d'obtenir la liste des invités et leur fonction, la liste des journalistes et des journaux pour lesquels ils bossent. J'aurai aussi besoin d'identifier les drag queens, où peut-on les contacter ? Et le dernier point, la disposition des lieux avec un plan serait parfait…

– Pas de problème. Je peux te faire ça, répond Véra contenant mal son agacement, tapé à la machine et relié. Tu le veux en combien d'exemplaires ?

Le ton est désagréable. La fatigue aidant, Véra a du mal à contrôler la colère qui la gagne. Cheryl se lève, passe ses bras autour de son cou et pose son menton sur son épaule, sa joue contre la sienne.

– Véra, calme-toi, je suis consciente de ce que l'on te demande. Je sais que tu risques gros. Mais quoi qu'il arrive, à aucun moment, tu ne seras mouillée, je t'en donne ma parole. Et puis, reprend-elle en l'embrassant affectueusement, c'est pour la bonne cause !

La fonctionnaire ébauche un sourire contrit, se passant la main dans les cheveux. Ses doigts fins ont tracé des sillons sur la tête brune et soyeuse.

– OK... Je marche. Allons-y pour la bonne cause. Mais je vous préviens. On va direct au carton...

Visiblement épuisée, elle se lève et s'étire. Un bâillement aussi large qu'un four à pizza lui déforme le visage.

– Bon, les p'tits clous, je vais me pieuter, je ne tiens plus debout... Vous savez où me joindre.

* * *

Le samedi avait déboulé sans qu'ils y prennent garde. La demeure de la comtesse réquisitionnée et transformée en Q.G. pour la circonstance, l'avait été avec son consentement chaleureux. À l'écart des rues passantes, la lourde bâtisse avait mis au secret ses habitants du moment et leur impossible mission.

Véra leur avait fourni le plan de la mairie, la liste des invités, ainsi que celle des journalistes. Chacun d'eux avait été contacté par Cheryl qui leur avait promis un scoop, s'assurant ainsi de leur présence.

Martine avait non seulement assuré le gîte et le couvert, mais aussi la logistique. Dans la pénombre de son labo sophistiqué, elle avait tiré une diapo à partir de l'unique photo des militaires.

L'étrange cohorte de ses invités, composée d'une coiffeuse, d'une femme flic et de cinq Tutsis l'avait détournée l'espace de quelques heures de ses sorties mondaines, faites de dîners dans les hôtels particuliers ou bien de défilés de haute couture et ce, à sa plus grande joie.

Ses hôtes évoluaient pour l'essentiel entre la bibliothèque, son bureau, la terrasse et le parc sous le regard effaré de Madeleine qui voyait déambuler ces grands Noirs aux longues jambes. Mais au fil des heures, elle s'était habituée à leur présence quand elle avait constaté qu'ils se tenaient parfaitement bien à table et qu'ils ne dormaient pas à même les tapis.

Ils avaient mis au point un plan simple. L'objectif était de passer la diapo et obliger Emile Belon à fournir une réponse, spontanée et immédiate sur sa présence et son rôle au Rwanda et surtout sur sa responsabilité dans les meurtres de Michel Bon, Innocent et Bosco. Ils comptaient sur la réaction des journalistes présents dans la mesure où un des leurs avait été abattu. Il fallait que cette soirée se transforme en conférence de presse. Cheryl lancerait le débat en posant les premières questions. La difficulté résidait dans la projection de la diapo. Cheryl s'en occupait, elle obligerait le fonctionnaire de la salle de projection à la passer, sous la menace d'une arme. Véra avait récupéré le Beretta et les armes des rasés chez Cheryl. Quant aux Rwandais, ils resteraient à proximité de Belon pour l'empêcher de se défiler. Afin de passer inaperçus, ils se substitueraient aux drag queens prévues pour la soirée et que la comtesse avait soudoyées à grands renforts de petites coupures.

Le plan tenait la route, en théorie. Et tous savaient sans se l'avouer que sa réussite était totalement aléatoire, sauf Véra qui clamait à tout bout de champ que ça allait forcément merder.

Cheryl s'était habituée à la garde-robe de Martine mais avait renoncé à porter sa lingerie de soie délicate que Télesphore réduisait systématiquement en lambeaux lorsqu'il se jetait sur elle, la nuit, dans l'intimité des lourdes tentures et des draps de satin.

Chaque heure, chaque minute avait vibré d'intensité. Tous deux avaient intégré une forme d'urgence dans les moments qu'ils avaient passés côte à côte ou bien enlacés. Le temps leur était compté et un compte à rebours égrenait les secondes à fleur de leur inconscient, rendant leur relation intense, parfois brutale et Cheryl le savait : quelle qu'en soit l'issue, elle ne sortirait pas indemne de cette aventure.

* * *

Quand le taxi dépose Cheryl au bas des marches du perron de la mairie, son rythme cardiaque s'envole de quelques points. La pluie a cessé en début d'après-midi et les traces de son passage se sont évaporées dans la chaleur d'août. Seules subsistent dans les caniveaux des boules de feuilles jaunies encore humides. Le soleil déclinant effleure les marches usées en jouant avec le feuillage des platanes bordant la place d'Italie. Des bas fins recouvrent ses longues jambes visibles jusqu'au genou. Elle a revêtu une robe fourreau noire décolletée jusque dans le creux des reins, découvrant son dos laiteux. La robe semble être cousue à même la peau. Des escarpins aux talons aiguilles achèvent de mettre en valeur des chevilles délicates. Elle a relevé ses cheveux sous une large barrette de satin noir qui semble tenir par l'opération du Saint-Esprit, sa chevelure dorée ne demandant qu'à se répandre sur ses épaules déliées et musclées. Des mèches blanc et or se sont échappées et batifolent avec les contours de son visage gracile.

Les gardiens de la paix en faction devant la grande porte à double battant interrompent leur conversation et se retournent comme un seul homme. Elle sent une excitation fébrile les submerger quand elle s'approche d'eux. Un sourire licencieux s'imprime sur ses lèvres qu'elle a teintées de rouge vif. Elle bat ses longs cils noirs qui bordent ses yeux de biche audacieuse et d'une voix suave demande :

– Bonsoir, messieurs, vous pourriez m'indiquer où se trouvent les vestiaires ? Je dois y rejoindre le fonctionnaire Volkoff.

Elle exhibe du bout de ses ongles du même rouge que celui de ses lèvres, un carton d'invitation. Un des policiers s'avance, ignorant le carton, elle aurait pu lui présenter la liste des courses. Il parvient à articuler un « Suivez-moi, je vais vous conduire » au son des ricanements et commentaires grivois en sourdine de ses collègues.

Elle le suit d'un pas langoureux, ondulant les hanches sous les regards lubriques des hommes en uniforme. Les commentaires vont bon train. À peine audibles, elle s'abstient de les déchiffrer.

Dégoulinant d'obséquiosité, soufflant comme un phoque, celui qui la conduit dans le dédale des couloirs de la mairie aurait abattu sans sourciller toute sa brigade pour l'accompagner. Il se retourne fréquemment. Le cheveu épars et gras, l'œil porcin et la bedaine Kronenbourg, il commente avec force détails la configuration des lieux et l'origine de la construction. Son père a dû être gardien de musée. Il ne se presse pas. Ses doigts boudinés ajustent fréquemment sa casquette sur son front court. À la plus grande joie du flic, Cheryl l'écoute avec attention reconnaissant les lieux tels qu'elle les a retenus d'après le plan.

Au premier étage, après avoir franchi une porte massive, ils se retrouvent dans un large hall. La moitié de la salle a été aménagée en vestiaire. Des cintres métalliques se balancent sur une dizaine de portiques. Véra s'affaire à couvrir de numéros des carnets à souche. Les talons de Cheryl claquent sur la pierre patinée. Véra lève la tête et pousse un sifflement enthousiaste.

– Ouaouh ! Tu es divine.

Et à l'attention du fonctionnaire sur un ton mielleux.

– Merci Raymond, tu es un amour d'avoir conduit mon amie jusqu'ici.

Écarlate, il bredouille quelques banalités et tourne les talons. Véra attend que l'écho de sa démarche pesante aille cogner contre les murs du bâtiment.

– Un vrai chien, ce type ! dit Véra en vérifiant

l'étoffe de la coiffeuse. Je suis étonnée qu'il ne t'ait pas sauté dessus...

Cheryl est arrivée en avance. Elle va se promener dans la grande salle de bal. Au fond, face à la porte, une scène imposante a été montée sur toute la largeur. Des techniciens installent de larges baffles et procèdent à des essais de micro. Juste en bordure de scène, indécent, un pupitre en érection émerge au-dessus des câbles et des projecteurs. En guise d'écran, on a déroulé sur le mur derrière l'immense estrade une tenture blanche et rigide. Instinctivement, Cheryl porte son regard à l'opposé. Une lucarne a été aménagée dans la paroi indiquant la présence d'une salle de projection et une petite porte à peine visible dans le coin du mur en laisse deviner l'accès. Avec nonchalance, elle s'y dirige. Un homme et deux femmes portant des vestes blanches finement rayées de rouge affichent sur leur poitrine le badge du traiteur pour lequel ils travaillent. Ils installent avec dextérité un buffet pantagruélique. Cheryl se retient de taper dans un plat où sont étalés tout un assortiment de toasts colorés et appétissants. La fricassée de homard et pied de porc dans son jus émulsionné qu'elle a engloutie à midi n'est plus qu'un vague souvenir. Elle sourit et pense à la tête de Gérard lorsqu'elle lui apprendra qu'elle a mangé du pied de porc préparé avec du homard et elle l'imagine haussant le sourcil, avec un rien de mépris dans la voix « Ah ! La cuisine moderne ».

Lorsqu'elle appuie sur la poignée de la porte, son regard vif balaie la salle. Personne ne semble faire attention à ses allées et venues. C'est ouvert. Elle s'y engouffre et referme aussitôt derrière elle. Un escalier étroit aux marches abruptes, faiblement éclairé par un boîtier «sortie de secours» s'élève jusqu'à la salle de projection. Une odeur de moisi agresse ses narines et elle frissonne ; des graines roses s'éparpillent le long des plinthes. Avec lenteur, elle gravit les marches de béton tout en évitant de prendre appui sur le mur rugueux. L'escalier débouche dans une pièce étroite aux murs gris. Le mobilier est inexistant hormis des étagères étroites qui tapissent un pan de mur, ainsi qu'une chaise et un haut tabouret carré sur lequel trône un projecteur. Sur les étagères, elle fait l'inventaire du matériel prévu. Elle reconnaît aussitôt le lecteur de diapo de la comtesse. On peut compter sur Véra.

De son sac en bandoulière, elle extrait la diapo, l'insère dans l'appareil. Elle le met en marche et l'oriente en direction du mur qui surplombe l'escalier. Un fond de verts nuancés vient se plaquer contre le mur gris. Une montée d'adrénaline pique un sprint dans ses vaisseaux. Tout roule et cela lui fait peur. Comme dit Véra, cela va forcément merder. Mais à quel moment.

Elle laisse le lecteur branché et, après avoir retiré la diapo, le replace sur l'étagère parmi du matériel de projection et de sono. Elle se tourne vers le pupitre juste au-dessous de la fenêtre donnant sur la salle de bal. De son poste, elle peut voir et entendre ce qui se passe plus bas sans être vue. Sur le pupitre, elle identifie d'un coup d'œil les commandes sons et lumière, souvenir indélébile des soirées où elle était DJ et qu'elle organisait avec ses copines d'école, apprenties comme elle chez Carita. Elle repère sans mal le micro, d'aussi simple utilisation qu'un sèche-cheveux. Elle le met sur « on » et fait un essai en soufflant légèrement dessus. Le survol fugitif de son expiration au-dessus de la salle n'est remarqué que par elle. Elle observe quelques secondes les invités. Nul n'y a fait attention.

Avant de redescendre, elle jette un coup d'œil circulaire dans la pièce tout en s'inventant mille bonnes raisons de tout stopper et rentrer chez elle dare-dare. Retourner à sa vie tranquille qu'elle affectionne tant. Elle n'a ni l'âme ni la carrure d'un Gabriel Lecouvreur. Elle n'est pas une aventurière et il est encore temps de tout plaquer. Quelle raison obscure la pousse à continuer ? À quoi s'accroche-t-elle au juste et quelle est sa réelle motivation ? Par désir effréné de justice, par amour pour Télesphore, par altruisme ou tout simplement pour épater le Poulpe... Songeuse, elle se retrouve en bas sans s'en être rendu compte. Elle tire sur sa robe qui a raccourci de vingt centimètres dans les escaliers et se compose un sourire commercial, très salon de coiffure.

Alors que les premiers accords des musiciens qui ont investi le plateau se font entendre, elle réapparaît dans la grande salle. Cendrillon débarquant au Mac' Do des Halles ne ferait pas plus d'effet et les hommes ont du mal à décoller leur regard du corps de Cheryl. Quant à leur légitime, elles se mettent à la recherche du défaut qui gâche tout. En vain !

Quatre lustres énormes et clinquants, vestiges

d'un autre temps s'éclairent tout à coup. Miroiterie de pacotille brillant de mille feux. L'illusion est parfaite et on s'y croirait. Elle rejoint les vestiaires.

Véra est en grande discussion avec deux de ses collègues. Elle a quitté son uniforme et revêtu une robe noire dans laquelle elle flotte un peu, annihilant ses formes à peine suggestives. Les cheveux noirs coupés courts et une montre au poignet pour seul bijou, elle semble être imprégnée d'une sensualité voilée, due sans doute à sa personnalité ambiguë, parfois androgyne et qui interpelle chez les hommes davantage leur homosexualité refoulée que leur instinct phallique potentiel. Ce qui l'a, contrairement à ses collègues féminines, épargnée des assauts grivois et machistes de la plupart des hommes de sa brigade.

À peine est-elle passée derrière la banque qu'ils débarquent. Leur arrivée fait sensation. Tous vêtus de longues capes lamées argent et la tête recouverte de perruques aux longs cheveux blancs. On ne voit pas davantage leur visage recouvert d'un masque pailleté. Ils sont sept. D'égale hauteur, ils paraissent immenses ; des bottines à haut talon chaussent leurs pieds. Ils font une halte brève à sa hauteur, l'un deux se penche vers elle. La voix est déformée mais Cheryl reconnaît l'odeur entêtante du parfum de Télesphore qui lui souffle derrière son masque qu'il a légèrement soulevé :

– Tu es belle comme la savane au coucher du jour. Sois prudente Cheryl, ne t'expose pas. Je ne suis pas certain de te revoir, mais je te retrouverai, et te garderai pour moi seul… dans une autre vie. Adieu la gazelle !

Il rabaisse son masque d'un geste sec et laisse aussitôt Cheryl interloquée. Elle les regarde traverser la salle et s'engouffrer dans le couloir qui mène aux loges.

Leur bref passage est largement commenté par les invités maintenant de plus en plus nombreux. Une valse ouvre enfin le bal. Quelques couples inaugurent la piste qui s'est formée instantanément au milieu d'eux. Sissi Impératrice dansant du rap n'aurait pas été plus incongru. Affligée, Cheryl détourne les yeux, pour les porter sur l'homme qui vient de lui remettre un képi. Son sang se congèle, juste dans la région du cœur. Elle manque d'air et a l'impression de faire l'Everest sans oxygène.

L'œil vif et bleu, un peu enfoncé dans l'orbite, les lèvres minces, presque inexistantes, pas très grand et du genre maniaque à outrance, Emile Belon ne l'a pas regardée plus d'une seconde. Il ferait partie de cette catégorie d'hommes sur lesquels Cheryl n'a aucun ascendant. Pour une fois, elle n'en fera pas cas. Elle ne le regarde à nouveau que lorsqu'il lui tourne le dos. Il entre dans la salle de bal au moment où les derniers accords de la valse s'évanouissent. Les hommes et les femmes s'écartent sur son passage. Il se fond dans la foule et disparaît de sa vue quand Véra pose une main rassurante sur son épaule. Ce qui ne peut malgré tout dissiper le profond sentiment de malaise qui s'est emparé de Cheryl. Elle frissonne et lève les yeux vers les voûtes des hauts plafonds. À la suite de l'homme, l'ombre diffuse de la mort a investi le bâtiment et elle pourrait presque la palper. Elle a peur de ce qu'elle ressent et reste pétrifiée, comme dans le pire de ses cauchemars. Il aurait laissé une faux au vestiaire qu'elle n'en aurait pas été surprise.

– C'est maintenant ou jamais !

Elle se l'est dit à elle-même. Mais suffisamment fort pour se donner du courage. Sa poitrine se gonfle sous l'effet d'une profonde inspiration, elle cambre les reins et redresse les épaules, attrape le verre de vodka de Véra qu'elle vide d'un trait, vérifie la présence du Beretta sous les perles cousues main de son petit sac Balmain passé en bandoulière et se dirige d'un pas décidé vers la salle de bal. La plupart regardent les danseurs évoluer sur la piste. Ne pouvant le contourner, elle traverse un groupe d'hommes. Une main effleure le bas de ses reins. À deux doigts de coller la sienne sur une tronche au hasard, elle se retient. Pas d'esclandre. « C'est pour la bonne cause. »

Le cœur battant, elle appuie sur la poignée de la porte menant à la salle de projection. C'est ouvert. Elle l'entrouvre à peine et s'y glisse sans se retourner. Une fois à l'abri des regards, elle la referme avec douceur et tire la targette, condamnant l'entrée. Puis, elle lève les yeux vers le haut des escaliers. Une jambe de pantalon foncé et un bout de chemise bleu ciel témoigne de la présence d'un fonctionnaire à l'étage du dessus. Il faut la jouer fine.

Tout en sifflotant *My heart belongs to Daddy* de Marilyn, elle gravit les escaliers, le déhanchement jazzy ; trois marches en avant, une marche en arrière. Le fonctionnaire s'est penché et la regarde monter les escaliers. Elle peut voir ses yeux briller dans la pénombre. Enfin parvenue à sa hauteur, elle lui adresse un sourire canaille assorti d'un battement de cils suffisant pour enrhumer quiconque se trouve à moins de cinq mètres d'elle. Plutôt mignon, le regard clair et encore quelques boutons sur les pommettes, le flicard fleure bon le lait de sa mère. Elle n'en fera qu'une bouchée.

– Salut matelot ! Moi, c'est Cheryl. Ma copine m'a dit que je pouvais monter. Il paraît que d'ici la vue est belle. Tu permets ?

Il ouvre la bouche mais aucun son ne sort. Il la referme aussitôt. Il a rosi. Cheryl le trouve adorable et elle en est maintenant certaine ; la dernière fois qu'il a craqué pour une femme, c'était dans *Pocahontas*.

Balançant les hanches sur *A little girl from Little Rock* qu'elle fredonne maintenant en sourdine, ses fesses insolentes le frôlent lorsqu'elle se penche pour regarder les danseurs tournicoter quelques mètres plus bas.

Il s'est littéralement scotché contre l'étagère, écarlate.

– N'aie pas peur, Bébé. Je suis toujours très gentille avec les garçons.

Elle doit le rassurer. Avec tous ces fils électriques de partout, il risque l'électrocution s'il se fait pipi dessus.

La moue attendrissante, elle colle son visage contre le sien, lui prenant le menton.

– Ça fait longtemps que tu es policier ?

Il se redresse et renifle, remontant machinalement son pantalon. Il n'est pas armé.

– En fait, je fais mon service militaire dans la police. Je suis plutôt technicien de formation et je voulais travailler dans la police scientifique.

– Tu ne veux plus, maintenant ?

– Pas vraiment, madame, la police c'est un drôle de métier, vous savez.

De l'autre côté, la musique s'arrête. Affolé, le jeune regarde l'horloge murale au-dessus de la lucarne.

– Oh la la ! C'est à moi, je dois passer le film. Pardon madame, cela vous ennuierait de vous mettre derrière, s'il vous plaît ?

Cheryl reste à sa place, entre le projo et la lucarne, puis elle sort la diapo de son sac tout en secouant la tête. Elle lui parle avec gentillesse.

– Tu ne vas pas passer le film. On va juste regarder cette diapo.

– Ah non non ! C'est impossible, je n'ai pas le droit...

– Je te le donne, ce droit !

Le ton s'est durci. Cheryl accompagne ses mots du pistolet qu'elle pointe juste sous le nez du morveux.

– Tu vas faire exactement ce que je te dis ou tu ne reverras plus jamais ta mère. Tu as compris ?

– Oui... Oui madame !

– Bon c'est bien. Tu es un brave garçon. Tu as juste à débrancher le projecteur qui devait passer le film et tu mets à la place cet appareil. D'accord ?

Elle lui montre le lecteur de diapo et se recule. Il s'exécute sans ciller, très professionnel. Ses gestes sont précis et vifs. Il ne cherche pas à ruser. Tout est rapidement en place. Il enclenche l'appareil au moment même où quelqu'un sur la scène fait un signe de la main dans sa direction.

Dans la seconde qui suit, les collines de Kigali

émergent sur le mur blanc au-dessus de la scène.

Cheryl appuie sur un interrupteur et tapote sur le micro, promenant son arme sur la joue du technicien. «Lumière.» Elle ne le dit qu'une fois. Il a éteint tous les lustres. Des grésillements accompagnés de sifflements se font entendre dans les baffles accrochés de part et d'autre de l'auditoire. Elle n'a jamais parlé devant autant de monde. Ça va forcément merder.

– Capitaine Belon. C'est vous que l'on voit sur la photo prise à votre insu le 8 avril 1994 au pied de la colline de Masaka, le lendemain de l'attentat qui a causé la mort des présidents rwandais et burundais. Vous êtes en compagnie du colonel Bagosora, arrêté à ce jour, un des principaux acteurs du génocide rwandais. Dans la nuit du 7 au 8 avril, il a donné l'ordre de massacrer les trois mille habitants de la colline de Masaka. Capitaine Belon, je pose ma première question. Est-il vrai que vous avez personnellement couvert ces exactions ? Je vous rappelle qu'on vous voit ici sur cette photo vêtu de l'uniforme rwandais. Deuxième question. Si c'est le cas, l'avez-vous fait sur votre initiative personnelle ou bien sur ordre de votre hiérarchie ? Troisième question. Si vous n'avez pas couvert ce massacre, qu'avez-vous fait pour l'empêcher dans la mesure où vous en aviez connaissance ? Nous vous écoutons, capitaine Belon. Je vous rappelle que la Presse est là et qu'elle a aussi des questions à vous poser. Enfin capitaine, je vous accuse d'avoir commandité les meurtres sur les personnes d'Innocent Mukarumigo, de Bosco Bigaruka et du journaliste Michel Bon.

À un silence de plusieurs secondes succède un murmure qui erre un long moment au-dessus des têtes.

Impassible, le directeur chargé de mission de la coordination des P.A. de la Police nationale s'est à peine retourné vers le mur pour regarder la photo. Il ne manifeste aucune réaction. Le masque qu'il s'est composé est alors déformé par le mépris quand il s'adresse à Cheryl :

– Tout cela est grotesque, mademoiselle. Il est clair que vous avez été manipulée. Vos allégations ne sont fondées que sur du vent. Vos accusations ne reposent sur rien. Je m'adresse maintenant à tous les fonctionnaires ici présents. Il semblerait que je sois victime d'un odieux chantage manigancé par des forces ennemies, liguées contre la France.

Pointant un doigt rageur ganté de blanc vers la lucarne, il se met à brailler :

– Arrêtez-la !

Deux hommes en civil courent vers la porte et à grands coups de pied entreprennent de la défoncer.

Au même moment, dans un coin de la scène, apparaissent cinq hommes à la peau noire, portant pour tout vêtement autour de la ceinture un pagne fait de plumes de sang et de feu. Sur leur tête sont accrochées d'autres plumes qui pendent dans leur dos. Autour de leur bras et de leur cheville, des bracelets de fines plumes blanches, aériennes, ondulent au gré de leur mouvement. Soudain, de derrière les coulisses, le son saccadé de deux tam-tam se fait entendre. Alors, au rythme de la musique hachée, les hommes, en mesure et parfaitement coordonnés, entreprennent une danse guerrière. L'effet est saisissant. De son poste, Cheryl en a la chair de poule. Puis le rythme s'accélère, les hommes, ensemble, lèvent haut les genoux tout en donnant de violents coups de reins qu'ils accompagnent de brefs cris rauques. Plus personne ne bouge parmi l'assistance, subjuguée, envoûtée. Sous les projecteurs, la lumière joue avec des gouttes de sueur qui roulent sur leur corps entièrement huilé. Cheryl reconnaît tout à coup Télesphore et n'a d'yeux que pour lui. La force, la puissance qu'il dégage la projette dans un état de transe dont elle ne veut pas sortir. Il danse comme il fait l'amour. Comme un dieu. Les danseurs occupent maintenant le centre de la scène. Puis le rythme se modifie à nouveau, basique, transformant la danse en une marche lente et lourde et dont un cri poussé du fin fond de leur être se fait l'écho de chaque pas. Ils avancent ainsi vers le militaire qui ne les a pas lâchés un instant des yeux. Belon repousse le micro et recule, apeuré. Avec son bras, il fait de larges mouvements secs devant lui, comme s'il chassait des mouches invisibles. Cruelle, sa voix rauque se fait entendre :

– Partez… Partez. Laissez-moi… Laissez-moi où je vous abats comme des chiens. Vous êtes tous des chiens. Des chiens vils et puants. Partez ! Partez, vous dis-je.

Il porte sa main à la ceinture et cherche avec fébrilité une arme le long de sa hanche qu'il ne trouve pas. Un formidable éclat de rire le secoue, il l'interrompt aussi sec. En proie à une soudaine folie, il a oublié où il se trouve. La démence a pris possession de lui. Il hurle maintenant :

– À la niche, les chiens ! Couchés. Là… Couchés au pied du maître.

Disant cela, il tapote sur sa cuisse et a baissé le ton de sa voix. Du coin de l'œil, il avise le gardien de la paix qui est monté sur la scène. Il se trouve à moins d'un mètre. Belon se jette sur lui et arrache l'arme à sa ceinture. Il lève le bras et pointe le Manurhin en direction des Rwandais qui n'ont pas cessé d'avancer pour autant à la cadence de leur danse infernale. Les tenant en joue, il ricane. Un filet de bave blanche suinte aux commissures de ses lèvres.

– Je vous aurai tous. Chiens vils. Tous, jusqu'au dernier. Je débarrasserai la terre de votre ignoble présence. C'est si facile de vous exterminer. Ha ! ha ! ha !… Là, par centaines, implorant que l'on vous achève. C'est si facile de vous réduire au silence, de vous réduire au néant.

Sa voix a couvert le son des tam-tam et s'est abattue sur le public effaré.

Il presse la détente. Du feu jaillit du canon. Télesphore touché en pleine poitrine recule sous l'effet du choc et s'effondre sur le sol.

Cheryl hurle dans le micro, ce qui a pour effet de sortir Belon de l'état second dans lequel il se trouvait. Intrigué, il regarde le revolver qu'il tient. Son regard se porte sur le Noir recroquevillé sur le sol. Il se retourne vers l'assistance, réalisant subitement leur présence. Plusieurs hommes convergent vers lui, avec prudence. Deux tiennent leur arme de service dans la main. Belon recule sur le côté, les tenant en respect. Quand, le corps plaqué contre une porte latérale, il disparaît tout à coup du plateau.

Lorsque le militaire se fond dans le décor, Cheryl qui de son poste n'a rien perdu de la scène, fait voler ses escarpins et pieds nus, dévale les escaliers. Arme au poing, elle apparaît dans la salle qu'elle traverse en courant. Sa robe, guère adaptée aux longues enjambées a remonté jusqu'au milieu des cuisses. Sa barrette de satin lâche à la hauteur des vestiaires et libère sa chevelure en désordre qui se répand sur ses épaules et lui fouette le visage. Elle sait où mène le couloir de la porte dérobée de la scène. On peut y accéder directement du rez-de-chaussée sans emprunter l'escalier principal. L'ordure ! Elle doit le coincer en bas avant qu'il ne s'échappe. Elle descend les escaliers quatre à quatre. Elle vole. À deux reprises, elle manque se rompre le cou et se rattrape de justesse à la large rambarde. À une volée de marches du rez-de-chaussée, elle voit Belon sortir de sous les escaliers pour passer devant elle en courant, elle saute la dizaine de marches qui la sépare du hall et s'abat sur lui. Déséquilibrés, ils roulent tous deux sur la pierre polie. La douleur dans l'épaule droite est si fulgurante qu'elle lâche son arme. Elle sent alors son corps lourd peser sur elle. D'un violent mouvement du bassin, elle s'arc-boute pour le renverser. En vain. Leste comme un chat, il se relève d'un bond et l'attrape par les cheveux pour la remettre sur pieds. Il enroule son bras autour de son cou. Elle est complètement sonnée et manque d'air. Dans la bagarre sa tête a heurté le sol. L'étau qui enserre sa gorge la maintient sur la pointe des pieds. Ses bas n'offrent aucune adhérence et elle glisse chaque fois qu'elle tente de lutter, s'étouffant un peu plus à chaque tentative.

– Lâche-la ou je tire !

Cheryl a reconnu la voix de Véra même si elle a du mal à comprendre ce qui se passe autour d'elle. Les cheveux collés sur le visage, elle ne distingue rien. Le taré enserre son cou avec un biceps de docker.

La réponse, il la gueule dans son oreille. Elle n'en perd pas une miette.

– C'est toi qui vas lâcher ton arme. Sinon je la descends sur place. Je n'ai plus rien à perdre, moi !

Hésitation dans l'air.

– Je ne te laisse pas cinq secondes pour réfléchir, reprend-il. Tu jettes maintenant ton arme ou je lui explose la tête.

– OK, hurle Véra. (Un bruit métallique résonne aussitôt sur le sol du vaste hall.) Mais je te préviens, touche un cheveu de sa tête et je te poursuivrai jusqu'en enfer !

Il n'y a aucun doute, c'est bien d'elle dont ils parlent. Elle savait que ça allait merder. Le canon du revolver presse sa tempe quand il recule, l'entraînant avec lui. Ses talons glissent sur le sol glacé. Elle fait des efforts colossaux pour emplir ses poumons d'air et respire soudain mieux lorsqu'ils disparaissent du hall de la mairie, il a relâché son étreinte. Un néon faiblard éclaire un couloir dont les murs sont couverts de rayonnages pleins jusqu'à la gueule de boîtes d'archives. Elle n'a pas le temps de détailler davantage ce qui l'entoure. Il la jette contre les rayons, la tête la première. Assommée, elle glisse sur le carrelage et dans une demi-conscience, le regarde tirer le verrou d'une porte en fer qui se met à vibrer sous les coups des poursuivants.

Un violent mal de tête lui martèle les tempes. Il l'attrape à nouveau par les cheveux pour la relever. Ça devient une manie. Sa vue se brouille, elle titube, à deux doigts de s'évanouir. Il doit s'en rendre compte car il la fait asseoir sur un tabouret-escabeau et la gifle à deux reprises. Mécaniquement, elle passe sa langue sur ses dents, à droite ; son bridge a tout du Golden Gate par vent de force sept. L'enfoiré ! Douze mille balles en l'air. Puis, il tire ses cheveux d'un coup sec, faisant basculer sa tête en arrière. D'un revers de main, il dégage les mèches dispersées sur son visage et lui souffle dans la figure son haleine aseptisée :

– Écoute-moi bien, ma belle. Tu reprends tes esprits et tu me suis sans faire d'histoires sinon je te crève les yeux et ta jolie petite gueule sera éteinte à jamais. Tu as compris ?

Il s'est saisi d'un coupe-papier et le promène contre ses paupières. La lame effleure ses longs cils. Cheryl cligne des yeux en signe d'approbation. Il ne peut être plus clair. Une larme glisse malgré elle sur sa joue. Ce pourri a tué Télesphore et elle ne donne pas cher de sa propre vie.

Il la saisit par le poignet. Son corps de chiffon est devenu mou et elle le suit sans opposer de résistance. À mesure qu'ils s'éloignent, les martèlements contre la porte s'estompent.

Ils traversent en courant les archives. Puis une salle plus petite qui tient lieu de papeterie ; rames de papier, listings, chemises cartonnées de couleur et crayons sont empilés sur des étagères, bien rangés. Au bout, une porte entrouverte les amène sur une plate-forme métallique étroite. Cheryl pousse un cri. Elle surplombe d'une dizaine de mètres une cave profonde dont le centre est occupé par une énorme chaudière orange. De larges tuyaux de ventilation remontent les murs pour disparaître dans le plafond. Ils dévalent les escaliers dans un bruit de ferraille bon marché. Son épaule la fait souffrir et ses pieds saignent, elle s'en rend compte dans la descente. Au bas des escaliers, il la lâche et fouille la chaufferie. Elle en profite pour terminer d'arracher ses bas.

L'endroit est chaud et humide. La clim ronronne. Une vieille porte en bois fermée par un cadenas est l'unique sortie de la pièce. Il s'en approche, secoue le cadenas et inspecte les gonds. Son verdict est immédiat. Il recule, prend de l'élan et d'un violent coup de pied la fracasse. La porte vole en éclats. Intact et inutile, le cadenas reluisant se balance dans le vide au bout de la chaîne toujours accrochée à la patte scellée dans le mur. En marchant sur le bois pourri, Cheryl sent une écharde transpercer la plante de son pied. Elle hurle et dégage son poignet. Alors qu'il va une nouvelle fois la saisir par les cheveux, elle crie d'une voix aiguë :

– Connard, si tu ne veux pas me porter, tu me laisses cinq secondes pour enlever cette putain de merde de mon pied ! D'accord ?

Elle n'attend pas sa réponse. Adossée contre le mur, sur un pied, elle arrache d'un geste sec le morceau de bois planté sous le pied. Du sang jaillit aussitôt. Elle n'a pas le temps de se lamenter sur son sort. Un claque magistrale la colle au mur et son retour la projette contre le sol en terre battue. La tête comme un minitel, elle tente de se redresser. Il l'empoigne par les cheveux et la remet sur pied. Une colère indicible la submerge, voilant sa raison, comprimant son plexus. Elle tourne son visage vers lui. Des sillons de rimmel strient ses joues et son rouge à lèvres a largement débordé. Elle va le pourrir quand il plaque sa main sur sa bouche.

– Ne m'appelle plus jamais connard où je te descends sans sommation. Compris ?

Sa voix est glacée et sa température avoisine celle de la supraconduction. Ses yeux métallisés la sondent, elle opine de la tête avant qu'ils ne lacèrent son âme.

Il la laisse à l'entrée du couloir sombre et retourne dans la chaudière. Il furète un moment avant de trouver une barre de fer, puis quatre à quatre, remonte vers la plate-forme et cale la barre de métal contre le pêne de la porte. Une porte de plus la sépare du reste du monde. Comme elle l'observe à travers le plancher métallique, un profond sentiment de découragement la submerge. Il faudra des chalumeaux ou bien de la dynamite pour dégager ces portes. Elle n'est pas encore sortie de ce merdier…

Quand il la rejoint, il a une torche et l'éclaire dans la cave sombre. C'est une pièce en entonnoir qui se rétrécit en un étroit couloir qu'ils empruntent. Aux contractions de ses orteils, elle réalise que l'accès est en pente. Pareils à des lombrics, ils s'enfoncent sous terre.

Ils dévalent ainsi plusieurs dizaines de mètres. Le passage est étroit et Cheryl marche derrière lui sur ses pas. Il ne l'a pas lâchée. Le halo jaunâtre de la torche lui permet d'anticiper et d'éviter les cailloux. Ils progressent d'un pas soutenu. Un vent de panique l'accable quand elle remarque que le plafond voûté descend peu à peu sur leur tête. Les parois se rapprochent et perdent de leur angulosité. L'air devient plus rare et une odeur fétide, une odeur pestilentielle s'engouffre dans ses narines. Il a ralenti l'allure et courbe maintenant les épaules pour avancer. Son bras tiré en avant la fait terriblement souffrir, elle se dégage brusquement, excédée.

– Ça va, lâchez-moi ! Vous me faites mal… Et puis où voulez-vous que j'aille sans lumière ?

Il se retourne et dirige la torche sur son visage tuméfié. Elle ne voit pas sa gueule mais sent son souffle sur elle.

– OK ! Mais tu restes dans mes pas et ne t'avise surtout pas de me faire faux bond sinon…

De sa main libre, il sort le revolver de sa ceinture et lui colle au milieu du front. Le canon heurte son crâne. Le choc sourd déclenche une douleur aiguë dans sa tête. Elle ferme les yeux en grimaçant. Guère plus grand qu'elle, le Poulpe en aurait fait de l'extrait rien qu'en le serrant entre ses tentacules. S'appliquant à lui emboîter scrupuleusement le pas non pas tant à cause de sa menace mais davantage pour bénéficier de la faible lumière, elle ne peut l'éviter quand il s'arrête subitement. La torche balaie une grille rouillée. De l'autre côté, une eau noire avance sournoisement dans l'obscurité. Il inspecte la grille et la teste en la secouant. C'est une porte avec une énorme serrure fermée à clé. Le pêne s'enfonce derrière une large tige de métal celée dans la paroi qui paraît inébranlable. En reculant, il lui écrase les orteils. «Ne t'excuse pas connard.» D'une détente de la jambe qu'elle n'a pas vue venir, il la tend vivement à hauteur de buste contre la grille. Un remake de Vandamme, avec l'image et le son, mais sans l'effet. Il recommence plusieurs fois, ce qui a pour unique résultat de la faire vibrer. On entend longtemps la mélodie des vibrations se répandre sur l'eau chargée. Pendant qu'il reprend son souffle, Cheryl ricane :

– Coincés comme des rats... On crève ici ou on fait demi-tour !

– Écrase ! Tu l'ouvriras quand je donnerai la permission.

– Je parie que vous n'êtes du genre à bander que quand vous cognez sur une femme...

Elle regrette aussitôt de l'avoir dit. Sans se retourner, il balance son bras derrière lui. Sa main rencontre ses cheveux, il la tire à lui et la plaque contre la grille, son corps collé au sien. Lui frottant l'arme sur l'entrejambe, elle sent le métal dur entre eux deux qui remonte le long de son ventre. Il approche son visage du sien, promène ses lèvres sèches sur son oreille et lui murmure d'une voix maîtrisée et sans émotion :

– Tu veux que je te montre ce qui me fait bander. Les petites Négresses, elles adoraient ça. Mais tu vois, c'est dommage pour toi, il n'en reste pas une pour raconter. On appelait ce jeu «jouir à mort». Tu veux essayer ?

Elle déglutit et se mord la langue en contractant sa mâchoire. Irréel, le clapotis de l'eau contre les parois titille ses tympans. Elle est encore en vie et elle va devoir la fermer si elle veut le rester, sinon ce sadique passera à l'acte sans sourciller. Il se sépare doucement d'elle et d'un mouvement de torche, lui fait signe de reculer derrière lui. Il tend le bras et tire pratiquement à bout portant dans la serrure. Deux balles suffisent pour venir à bout du métal rouillé. Cheryl a écrasé la paume de ses mains contre ses oreilles. Longtemps, l'écho de la détonation détale le long des parois. Tout Paris a dû l'entendre mais l'effet a été radical. Elle en déduit qu'il n'a utilisé ce moyen qu'en dernier recours afin d'éviter de se faire repérer. Il reste maintenant trois balles dans le barillet.

La grille franchie, il promène sa lampe de part et d'autre de la bifurcation. Au-dessus de l'eau qui charrie toutes sortes de choses sur lesquelles elle ne s'attarde pas, est suspendue une large voûte de pierre. Sur les bords, une étroite margelle permet de circuler tout le long. Les parois suintent et même s'il y a davantage d'air, l'odeur qui règne est à peine supportable. Ils sont dans le ventre de la capitale, dévalant le long de ses boyaux nauséabonds.

Après une légère hésitation, il opte pour la droite et reprennent leur marche fantôme. Une matière visqueuse recouvre le bord et à plusieurs reprises qu'elle ponctue de jurons, Cheryl manque s'y étaler. Ses pieds nus glissent sur la vase gluante et malgré la répugnance qu'elle a à le toucher, elle doit se cramponner à l'épaule de Belon pour ne pas tomber.

Ils n'ont pas parcouru cinquante mètres quand il éteint la lampe. Sous sa main, elle le sent se contracter. Elle le lâche, puis risque un œil par-dessus son épaule. Ses yeux familiarisés avec l'obscurité distinguent des halos de lumière qui, lointains, dansent sur l'eau. L'écho diffus de voix leur parvient. Des gens viennent à leur rencontre. Haletante, elle se colle à la paroi, ouvre la bouche et inspire profondément. Le hurlement est étouffé au fond de sa gorge. Froide, la main du militaire écrabouille ses lèvres. Il articule lentement :

– Un cri et je te noie ! On va revenir sur nos pas jusqu'à la prochaine voie.

Dans le noir, ils parcourent plusieurs mètres avant de s'engager dans un bras étroit qu'elle n'a pas remarqué lors de leur premier passage. Il rallume la torche dans la galerie. La bordure s'évanouit quelques pas plus tard et ils doivent continuer en pataugeant dans l'eau puante qui leur arrive à mi-mollet. Traînée par le militaire, épuisée, les pieds déchiquetés, elle se retourne plusieurs fois. La voûte se découpe plus nettement et le halo croît. On se rapproche d'eux. Elle reprend espoir. Belon éteint sa torche et s'immobilise. Au loin, dans l'autre tunnel, les ronds jaunes valsent sur les murs et sur l'eau. Elle doit signaler leur présence, par n'importe quel moyen. Avant qu'elle n'ait pu décider de quelle façon elle allait s'y prendre, le gros bras du tueur enserre son cou et le canon du MR73 se fige sur sa tempe. Les petits ronds aux contours précis se rapprochent et se transforment en cercles plus larges aux contours diffus, franchissant le bout du boyau. Tétanisée, elle les regarde passer et avec eux, la chance d'être libérée s'envole. Son cœur bat à tout rompre quand tout à coup une torche se dirige vers eux et navigue un moment à une dizaine de mètres de l'endroit où ils se sont immobilisés, mais sa lumière jaune pâle ne les rattrape jamais. Ils restent désespérément dans l'ombre. Ils sont trop loin. Puis, les lumières s'atténuent pour disparaître à tout jamais quelques instants plus tard, les plongeant dans le noir intégral. Le silence a de nouveau envahi la voûte. Sans un commentaire, il dégage son bras et ils reprennent leur marche. Pas pour longtemps. Une paroi murée leur interdit d'aller plus loin. Seul un large tuyau la traverse et répand à leurs pieds ses eaux souillées. Cependant, le bruit de la cascade ne parvient pas à masquer un bruit curieux, comme des grognements. Le faisceau balaie l'espace autour d'eux et accroche brutalement sur une vaste niche de quelques mètres juste à hauteur de regard, une masse brune qui ondule. Il faut quelques secondes à Cheryl avant qu'elle ne l'identifie : des rats par dizaines, énormes et répugnants, dévorent une charogne qu'elle suppose être celle d'un chien. Quelques bêtes ont interrompu leur repas et les regardent de leurs petits yeux noirs et luisants. Phobique jusqu'au plus profond de ses tripes, Cheryl pousse un hurlement de terreur à se décrocher les amygdales. Belon n'a rien vu venir. La claque qu'il lui décroche est si brutale qu'il l'envoie valdinguer dans l'eau glauque, interrompant net son cri. Elle se redresse avec peine et reste assise dans l'eau. Il éclaire à nouveau les rats. Tous ont cessé de manger. Menaçants, ils se sont agglutinés sur le rebord de la plate-forme la couvrant sur toute sa longueur. Il saisit son arme et fait un pas en arrière.

– Reculez sales bêtes... Reculez ! Sa voix chevrote.

Un rat saute dans l'eau et nage vers lui. Un grand coup de pied projette la bête contre la paroi. D'autres se jettent à l'eau. Il tire dans leur direction. La déflagration, l'espace d'un dixième de seconde se reflète dans leurs yeux. Ils sont des centaines. Il tire une deuxième fois, puis une troisième. Les trois balles ont chacune atteint leur but. L'attroupement, un moment dispersé se reconstitue, menaçant, offensif. On n'entend ensuite que le bruit du chien du revolver percutant le vide. Avec rage, il jette violemment l'arme dans le tas grouillant. Un rat s'agrippe à son mollet et grimpe le long de sa jambe sous l'étoffe. Il fracasse sa torche sur l'animal. La lampe lui échappe des mains et du fond de l'eau trouble, diffuse une lumière maculée.

– Barrez-vous sales bêtes, barrez-vous... laissez-moi.

Il l'a crié. Ses cris se transforment maintenant en hurlements. Des hurlements de douleur et de terreur. Par vagues désordonnées, des gerbes d'eau se dressent tout autour de lui et ruissellent le long des pierres de la voûte. Il semble à Cheryl qu'un escadron combat dans le tunnel. Paralysée par la peur, engourdie par le froid qui la gagne, elle se relève avec peine, puis dérape et retombe dans l'eau pourrie. Ses jambes ne la soutiennent plus. Elle doit s'éloigner. Elle rampe alors sur les coudes, maintenant sa tête à fleur d'eau. Derrière, les cris du militaire de plus en plus brefs, étouffés, appellent à l'aide. Il crache à plusieurs reprises. Elle entend ses poumons siffler, cherchant l'air. Puis plus rien. Dans un ultime sursaut d'énergie, elle parvient à se relever enfin. Le pelage rugueux d'une bête effleure sa jambe. Surmontant son dégoût, de l'eau plein la bouche et dans le noir le plus total, elle s'enfuit, moitié courant, moitié rampant. Sortir de là. Sortir de là à n'importe quel prix...

* * *

Quand Police Secours freine devant sa porte, Cheryl exhale un profond soupir de lassitude. Véra insiste une nouvelle fois en ajustant la couverture sur le dos de son amie.

– Cheryl, c'est pas raisonnable. Accepte que l'on te conduise à l'hosto... Sérieux, tu ne tiens pas debout, tes pieds sont en sang et tu as des plaies sur tout le corps. Tu risques l'infection... Qu'on vérifie au moins que tu n'as rien de cassé... Et puis, qu'est-ce que tu pues ! Tu ne peux pas rentrer chez toi comme ça...

Ils l'ont récupérée sur l'avenue d'Italie au moment où elle émergeait d'une bouche d'égout. Avec toute la violence du désespoir, elle avait déplacé à la force du dos une plaque en fonte de près de cinquante kilos. Tâtonnant dans le noir, elle avait finalement trouvé une sortie grâce au minuscule cercle de lumière sur la margelle visqueuse que filtrait une plaque plus haut sur la chaussée.

Soutenue par un flic débraillé, Cheryl descend du car avec lourdeur et regarde le ciel qui s'est éclairci.

Inutiles, les lampes de la rue Popincourt s'éteignent. Ses jambes flageolent. Elle a le sentiment qu'elle doit abréger au plus vite leur séparation sinon elle va s'écrouler à leurs pieds. Grillant sa dernière cartouche d'énergie, elle caresse avec douceur la joue de Véra.

– Non, Véra. Surtout pas l'hôpital. Je préfère encore la gangrène à l'hôpital, crois-moi. Je vais maintenant prendre un bain avec de la Javel et me mettre au lit... C'est tout ce dont j'ai besoin et ce soir, je fais venir mon toubib pour un contrôle. C'est promis.

Véra ne parvient pas à se résoudre à la laisser là. Elle insiste une nouvelle fois. Cheryl commence à perdre patience.

– Bon. Maintenant ça suffit. Lâchez-moi. J'ai trois fois rien et côté flicaille, je commence à saturer... Je paie mes impôts et j'estime que j'ai droit au minimum : la Paix. Alors, barrez-vous et laissez-moi tranquille !

Impuissante et inquiète, Véra la dévisage tout en secouant la tête.

Une croûte sale s'est formée sur l'arcade sourcilière droite, l'autre œil, boursouflé n'a rien à lui envier. Ses lèvres tuméfiées ont déformé la bouche et ses cheveux poisseux s'agrippent par paquets grisâtres le long de ses joues sur lesquelles de fines rigoles noires sont dessinées. Le ciel, à qui l'aube permet d'être de ce bleu soutenu comme peuvent l'être les ciels du levant, se reflète dans ses yeux transparents qui mangent son visage sale. Seules les pupilles conservent encore une forme de vie.

À regret, Véra abandonne son amie sur la chaussée et tape un coup sec sur la porte latérale de la

P.S., donnant le signal de départ. Cheryl soupire de soulagement et contourne la voiture en stationnement garée devant chez elle. Elle agite d'un geste vague sa main en direction du fourgon qui s'éloigne, tout en reculant vers la porte. Son pied heurte quelque chose de mou. Elle ne peut rétablir l'équilibre et, emportée par son corps exténué, s'étale de tout son long sur le clochard qui a squatté le pas de sa porte, ce qui a pour effet d'arracher un grognement à l'homme recroquevillé.

Bras et jambes s'entremêlent, l'homme s'est déplié. Ils se retrouvent nez contre nez.

– Gabriel ! Mais qu'est-ce que tu fous là ?

Le Poulpe cligne des yeux. Son regard a l'expression ahurie de celui qui contemple son pull en cachemire après un passage de cent vingt minutes dans le sèche-linge. Il dévisage sa maîtresse des pieds à la tête. Cheryl peut successivement déceler dans son regard d'abord la surprise, puis un gros effort de compréhension suivi aussitôt d'un dégoût non dissimulé. Fronçant son nez, il la renifle en quelques courtes inspirations.

– Putain, mais qu'est-ce que tu pues. Tu t'es roulée dans la merde ou quoi ?

Il se recule alors, chassant de sa large main l'air à hauteur des narines, affectant une répugnance teintée d'un léger mépris. Il reprend sur un ton qui se veut désolé :

– Cheryl, cela me fait beaucoup de peine de te dire ça… mais tu te négliges !

Elle n'a pas la force de lui coller une baffe et s'abandonne contre son épaule, contenant des sanglots nerveux. Sa longue main aussi large qu'une enveloppe 21x29,7 hésite un quart de seconde avant de se poser sur ses cheveux crasseux dans lesquels se sont nichés des nœuds cauchemardesques. Il réprime une grimace.

– Avant que tu me racontes comment tu as pu te mettre aussi minable, tu vas prendre un bain et dormir un peu. On en reparlera plus tard.

Cheryl marmonne alors quelques mots. Inaudibles. Le Poulpe ne les comprend pas. Il penche la tête, son oreille contre les lèvres enflées de sa coiffeuse préférée. Il écoute à nouveau, fronce les sourcils et se met à rire, d'un rire franc et tonitruant qui résonne dans toute la rue Popincourt. Puis, se reprenant, il lâche :

– OK ! C'est bon, je m'incline...

Très sérieux, il inspire avec profondeur et d'une voix empreinte de solennité, déclare :

– Le 11 juillet est l'anniversaire de la mort de Ravachol... Là. Maintenant tu sais. Tu es contente ?

Cheryl hausse à peine le sourcil et sombre, inconsciente, un imperceptible sourire figé sur ses lèvres abîmées.

Un cadran plus tard, Cheryl se réveille. Un petit déjeuner royal l'attend et elle l'engloutit sans sommation sous le regard bienveillant de Gabriel. Ses cheveux soyeux dévalent sur ses formes pleines et fermes, masquant en partie les séquelles de sa dernière nuit. Le plateau dévasté, enfin rassasiée, elle roule vers lui des yeux lubriques et, la moue boudeuse susurre :

– Et mon dessert, il est où ?

* * *

« Prise d'otage dans les égouts de Paris. La coiffeuse met une peignée à son ravisseur, un dangereux criminel de guerre. Il sera dévoré par les rats. »

C'est ce qu'ils peuvent lire en gros titre sur le journal que tient Gérard lorsqu'ils entrent tous deux, main dans la main, à la Sainte-Scolasse. Derrière lui et dans le plus grand silence, une demi-douzaine d'habitués écoutent le cafetier lire l'article à voix haute, interrompant sa lecture par des « Oh » et des « Ah » synchronisés.

Devant eux, sur le comptoir du bar, une dizaine de quotidiens éparpillés évoquent tous l'affaire dans ses moindres détails.

Cheryl et Gabriel dont l'entrée est passée complètement inaperçue, s'installent à leur table près de la vitre. Sans un mot. Le Poulpe attend une minute et interpelle :

– S'il vous plaît, quand vous aurez fini de lire les potins du coin et sans vous déranger, vous pourriez nous apporter deux cafés, ou bien faut-il que nous allions le boire en face.

Long silence puis fou rire général, couvert par les aboiements de Léon. Mélancolique, Cheryl ébauche un sourire et tourne la tête vers la rue. Les yeux sur la foule nonchalante d'août, elle repense à ses adieux à l'aéroport quelques heures plus tôt, adressés à Télesphore, juste avant son départ pour les Etats-Unis en avion sanitaire. Ce dernier, un large bandeau sur le torse et allongé sur un brancard, lui tenait la main.

– Cheryl, je suis heureux que tu sois là... Et bien voilà, nous y sommes... Nos vies vont se séparer comme elles se sont croisées. On a fait un petit bout de chemin ensemble et c'était vraiment beau. Tu es une super nana et jamais, je ne t'oublierai…

Elle lui sourit tout en caressant son front avec tendresse.

– Que vas-tu faire maintenant ?

– Il me reste peu de temps, mais malgré tout suffisant pour aider mon pays à retrouver la paix. Nous sommes nombreux à la vouloir, peut-être y arriverons-nous un jour prochain… La France a longtemps soutenu la dictature au Rwanda, puis les extrémistes hutus. Elle les soutient encore aujourd'hui au Zaïre et les aide à reconstituer leur force. Des génocideurs vivent sur le territoire français en toute impunité. Mais j'espère qu'un jour, elle comprendra ses erreurs. Qu'elle comprendra que soutenir ces dictateurs, même pour des raisons économiques, va forcément contre l'idée de la démocratie telle que les citoyens d'un pays libre peuvent se la représenter. Quant à nous, nous sommes soutenus par les Américains, pour des raisons stratégiques bien sûr ; le Zaïre est si tentant… Il faut que la communauté internationale nous fasse confiance, qu'elle aille au bout de son devoir de mémoire et qu'elle combatte toute forme de négationnisme.

Le Rwandais se tut quelques instants, reprenant son souffle. Ses accompagnateurs allaient pousser le brancard quand il leur dit d'arrêter. Il reprit, un sourire de bienveillance au coin des lèvres :

– Je veux croire en la Paix, Cheryl. La Paix…

Il lui serra la main avec force puis la relâcha, lui faisant signe d'approcher. Cheryl se pencha au-dessus de lui, ses cheveux dorés se répandirent sur la peau noire, cachant leur baiser. Ses dernières paroles, il les murmura :

– Adieu Cheryl. Je t'aime…

Elle se redressa et s'écarta, laissant les hommes en blouse blanche l'emmener.

Dix minutes plus tard, le Cessna Citation décollait et elle le suivit des yeux jusqu'à ce qu'il ne devienne qu'un fugitif éclat de lumière dans le soleil couchant.

– Adieu ! songea-t-elle, et que ton pays retrouve enfin la Paix !

Gabriel l'avait alors rejointe. Sans un mot, il avait passé ses longs bras autour de ses épaules, la serrant contre lui. Le regard vers l'Ouest, ils avaient quitté le tarmac quand le soleil s'était enfoncé dans l'horizon.

DÉJÀ PARUS AUX ÉDITIONS BALEINE

Le Poulpe

1. Jean-Bernard Pouy - *La petite écuyère a cafté*
   Prix Paul Féval de littérature populaire 1996
2. Serge Quadruppani - *Saigne sur mer*
4. Patrick Raynal - *Arrêtez le carrelage*
7. Didier Daeninckx - *Nazis dans le métro*
8. Noël Simsolo - *Un travelo nommé désir*
9. Franck Pavloff - *Un trou dans la zone*
11. Paul Vecchiali - *La pieuvre par neuf*
12. Jean-Jacques Reboux - *La cerise sur le gâteux*
13. Claude Mesplède - *Le cantique des cantines*
14. Pascal Dessaint - *Les pis rennais*
15. Olivier Thiébaut - *Les pieds de la dame aux clebs*
16. Gérard Delteil - *Chili incarné*
17. Bertrand Delcour - *Les sectes mercenaires*
18. Roger Martin - *Le G.A.L., l'égout*
19. Jean-Christophe Pinpin - *Les gens bons bâillonnés*
20. Hervé Prudon - *Ouarzazate et mourir*
21. Guillaume Nicloux - *Le saint des seins*
26. Roger Dadoun - *Allah recherche l'autan perdu*
27. Pascale Fonteneau - *Les damnés de l'artère*
28. Sylvie Granotier - *Comme un coq en plâtre*
31. Romain Goupil - *Lundi, c'est sodomie*
32. Olivier Douyère - *Bunker menteur*
34. François Joly - *Chicagone*
35. Michel Chevron - *J'irai faire Kafka sur vos tombes*
37. Mano Gentil - *Boucher double*
39. Mouloud Akkouche - *Causse toujours !*
40. Serge Meynard - *Lapin dixit*
41. Chantal Pelletier - *Lavande tuera*
43. Michel Cardoze - *Du hachis à Parmentier*
44. Jacques Vallet - *L'amour tarde à Dijon*
48. Gérard Lefort - *Vomi soit qui malle y pense*
49. Yannick Bourg - *Les potes de la perception*

50. Aïdé Caillot - *Le Karma saut'ra*
54. Alain Puiseux - *Je repars à Zorro*
55. Alain Bellet - *Danse avec Loulou*
58. Cesare Battisti - *J'aurai ta Pau*
59. Lucio Mad - *Dakar en barre*
60. Stéphanie Benson - *Crève de plaisanterie*
64. Bruce Mayence - *La Belge et la bête*
65. Hervé Mestron - *Eva te faire voir !*
66. Guillaume Darnaud - *Le crépuscule des vieux*

Coffret Un été de Poulpe (trois titres) :

69. Fabienne Tsaï - *Sans foie ni loi*
70. Alain Raybaud - *La lune dans le congélo*
71. Guillaume Chérel - *Tropique du grand cerf*
72. Jacky Pop - *La neige du killerman manchot*
73. Gérard Lecas - *Satanique ta mère !*
74. Evane Hanska - *Le bal des dégoûtantes*
78. Serge Livrozet - *Nice Baie d'aisance*
79. Jean-Luc Poisson - *Le chien des bas serviles*
82. Laurent Fétis - *L'aorte sauvage*
83. Hervé Korian - *Les bêtes du Gévaudan*
84. Woô Manh - *Docteur J'abuse*
87. Jean-Pierre Andrevon - *Papy end*
88. Jacques Albina - *Lazare dîne à Luynes*
89. Hervé Le Tellier - *La disparition de Perek*

Joyeux Gabriel (coffret quatre titres) :

92. Robert Deleuse - *La bête au bois dormant*
93. Christian Congiu - *La Nantes religieuse*
94. Chantal Montellier - *La dingue aux marrons*
95. Pierre-Alain Mesplède - *E pericoloso for Jersey*

Et heureux Poulpe (coffret quatre titres) :

96. Patrick Eris - *Une balle dans l'esthète*
97. Gilles Vidal - *Les deniers du colt*
98. Monique Demerson - *Fugue en Nîmes majeur*
99. Jean-Pierre Huster - *Touchez pas au grizzli*

Cent pour sang bande dessinée (coffret trois titres)
100. Mako - *Le Nord aux dents*
101. Olivier Balez - *L'Opus à l'oreille*
102. Jean-Luc Cochet - *La bande décimée*
103. Jean-Jacques Busino - *Au nom du piètre qui a l'essieu*
104. Paul Milan - *Légitime défonce*
105. Grégoire Carbasse - *L'Helvète underground*
108. Philippe Carrese - *Allons au fond de l'apathie*
109. Michel Boujut - *Les Jarnaqueurs*
110. Catherine Fradier - *Un poison nommé Rwanda*

Instantanés de Polar
3. Franck Pavloff - *Foulée noire*
5. Olivier Thiébaut - *Larmes de fond*
6. Jean-Jacques Reboux - *Le massacre des innocents*
Trophée 813 du meilleur roman francophone 1996
10. Noël Simsolo - *Couleur sang*
22. Guillaume Nicloux - *Zoocity*
38. Bertrand Delcour - *Zen*
47. Jean-Jacques Reboux - *Fondu au noir*
53. Michel Chevron - *Les Purifiants*
57. Yasmina Khadra - *Morituri*
Trophée 813 du meilleur roman francophone 1997
63. Pierre Siniac - *L'affreux joujou*
68. Noël Simsolo - *Apocalypse Nord*
77. Pascale Fonteneau - *La puissance du désordre*
81. Yasmina Khadra - *Double blanc*
86. Patrick Mercado - *Scooter triades*
91. Patrick Raynal - *Nice-Est*
107. Franck Pavloff - *Les yeux de Bee*
112. Sylvie Granotier - *Courrier posthume*

Canaille/Revolver

23. Jean-Bernard Pouy - *Spinoza encule Hegel*
24. Patrick Raynal - *La clef de seize*
25. Anne Matalon - *Petit abécédaire des entreprises malheureuses*
29. Michel Chevron - *Fille de sang*
30. Emma Christa - *Elles sont pas croyables !*
33. Alexandre Dumal - *Burundunga !*
36. Pierre Filoche - *Le banquet des ogres*
42. Gilles Vander - *Divan terrible*
45. Gérard Lecas - *MLF vaincra !*
46. Sylvie Picard - *Serial victime*
51. Dashiell Penac'h - *Le deuil dans le miroir*
52. Pierre Fossard - *Je suis un assassin*
56. Pierre Cherruau - *Nena Rastaquouère*
61. Pierre Filoche - *Quand on a que la mort*
62. Sylvie Rouch - *Zoé s'en va-t-au ciel*
67. Patrick Raynal - *Nice 42ème rue*
75. Anne Matalon - *Alba Capra*
76. Evane Hanska - *Une hirondelle dans le beffroi*
80. Yves Bulteau - *Naïma*
85. Jean-Pierre Andrevon - *Blanche est la couleur des rêves*
90. François Joly - *Le grand blanc*
106. Brigitte Dyan - *Un soupçon de vertu*
111. Jean-Bernard Pouy - *À sec !*

Tourisme & Polar

Jean-Bernard Pouy - *J'ai fait l'aérotrain*
Michel Lebrun - *L'égarement*
Jean-François Vilar - *Les fous de Chaillot*
Michel Pelé - *L'interprétation des raves*

Macno

1. Ayerdhal - *Consciences virtuelles*

À PARAÎTRE

Le Poulpe
113. Georges-J. Arnaud - *L'antizyklon des atroces*
114. Serge Turbé - *Ataxie pour Hazebrouck*
115. Grégoire Forbin - *Zombi la mouche*

Instantanés de Polar
117. Jean-Jacques Reboux - *Poste mortem*

Canaille/Revolver
116. Jocelyne Sauvard - *La nuit du rappeur*

Tourisme & Polar
Franck Pavloff - *La gare de Lourenço-Marquès*
Serge Meynard - *Dans le Doubs, absinthe-toi !*
Pascale Fonteneau - *Maelbeek*
Olivier Thiébaut - *J'irai revoir mon Cotentin*

Macno
2. Riton V. - *Dose létale à Lutèce-land*

Cet ouvrage a été imprimé
sur presse Cameron
par **Bussière Camedan Imprimeries**
à Saint-Amand-Montrond (Cher)
en janvier 1998

– N° d'impression : 98778/1. –
Dépôt légal : février 1998.

Imprimé en France